페이퍼퀼링 레슨

플레잉
아　트
클래스 7

손 끝으로 만드는 특별한 시간

페이퍼퀼링 레슨

기쿠치 나무 지음 | 김남미 옮김

북스토리

일러두기

- 이 책에서는 초보자에게 알맞은 작품부터 다소 어려운 작품까지 다양하게 소개하고 있습니다. 난이도를 참고하여 만들어보세요.

난이도 표기

> 🌰 　　조각만 만들면 끝! 쉽게 만들 수 있어 초보자에게 적합합니다.
> 🌰🌰 　　시간은 걸리지만 순서만 잘 따라가면 충분히 만들 수 있습니다.
> 🌰🌰🌰 　　약간 어렵지만 완성하고 나면 매우 뿌듯합니다.

- 이 책의 차례에는 각 작품의 사진이 실린 페이지와 방법이 실린 페이지가 함께 표기되어 있으니
원하는 작품을 만들 때 사진과 방법을 함께 보면서 만들어보세요.

- **견본** 이 마크가 있는 작품은 아래 NK크래프트 사이트에서 견본 PDF를 다운로드할 수 있습니다.
http://diy.nk-craft.net/bookstemplate/#lessonbook

- 이 책에 게재된 작품을 복제하여 판매(매장, 인터넷 등)하는 것은 금지되어 있습니다.
작품을 만드는 재미를 위해서만 이용해주세요.

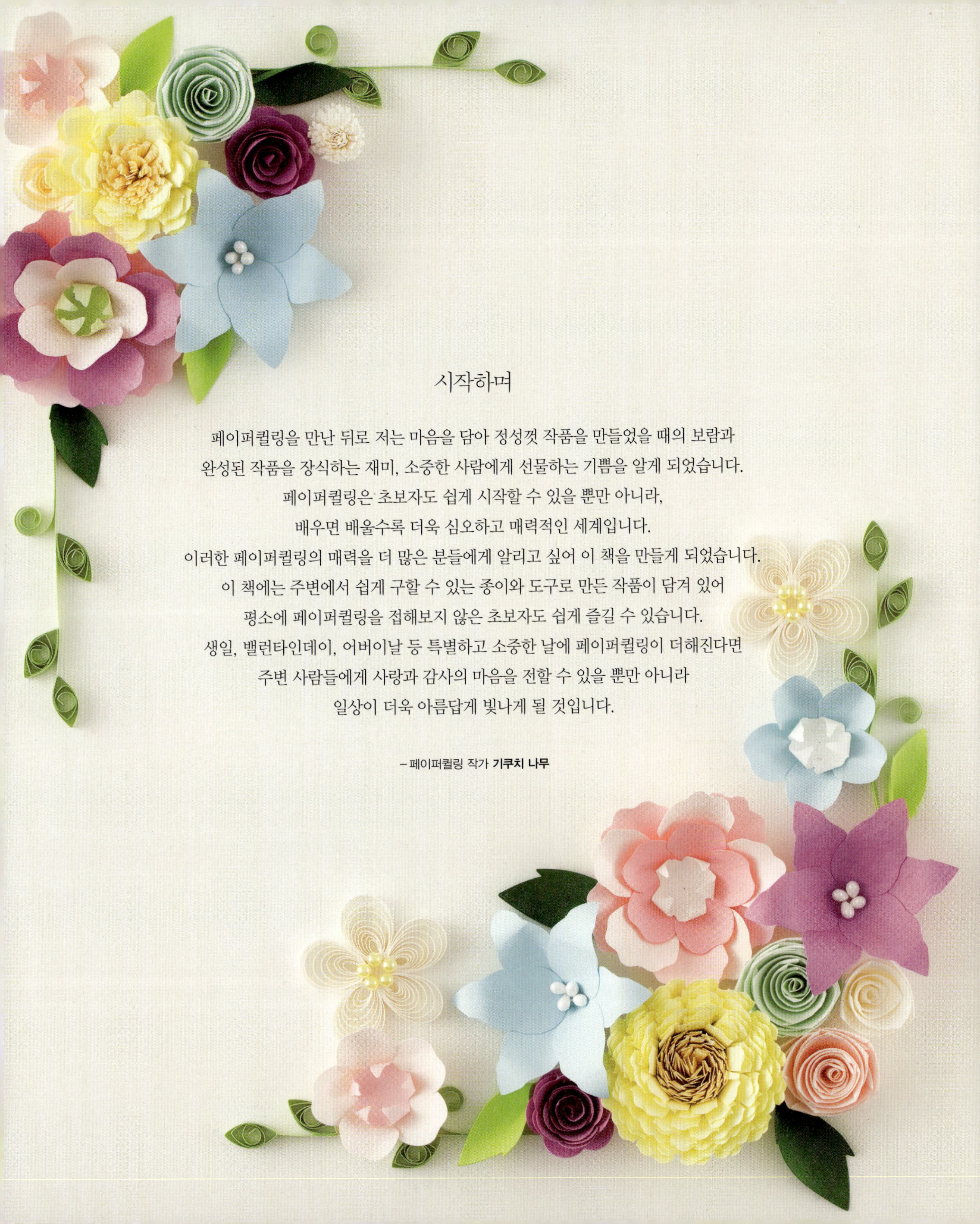

시작하며

페이퍼퀼링을 만난 뒤로 저는 마음을 담아 정성껏 작품을 만들었을 때의 보람과
완성된 작품을 장식하는 재미, 소중한 사람에게 선물하는 기쁨을 알게 되었습니다.
페이퍼퀼링은 초보자도 쉽게 시작할 수 있을 뿐만 아니라,
배우면 배울수록 더욱 심오하고 매력적인 세계입니다.
이러한 페이퍼퀼링의 매력을 더 많은 분들에게 알리고 싶어 이 책을 만들게 되었습니다.
이 책에는 주변에서 쉽게 구할 수 있는 종이와 도구로 만든 작품이 담겨 있어
평소에 페이퍼퀼링을 접해보지 않은 초보자도 쉽게 즐길 수 있습니다.
생일, 밸런타인데이, 어버이날 등 특별하고 소중한 날에 페이퍼퀼링이 더해진다면
주변 사람들에게 사랑과 감사의 마음을 전할 수 있을 뿐만 아니라
일상이 더욱 아름답게 빛나게 될 것입니다.

－페이퍼퀼링 작가 **기쿠치 나무**

CONTENTS

바로 만들 수 있는
페이퍼퀼링 작품   •   HOW TO MAKE
페이퍼퀼링 실전 레슨

생일 축하

생일 파티

선물

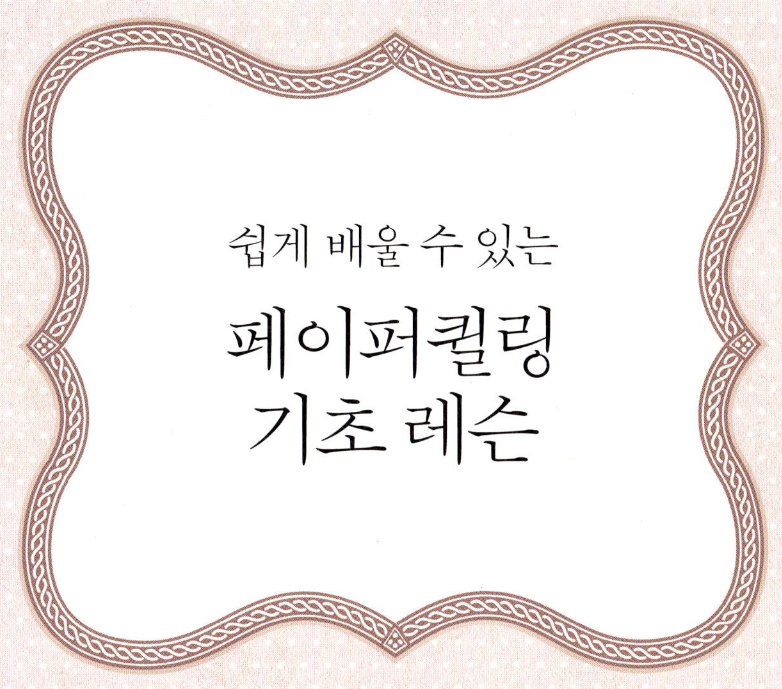

쉽게 배울 수 있는

페이퍼퀼링
기초 레슨

페이퍼퀼링이란

페이퍼퀼링은 가늘고 길게 자른 띠지를 둥글게 감아 다양한 모양을 만드는 종이공예입니다. 다양한 형태와 원을 조합하여 꽃을 만들거나 잎을 만드는 등 폭넓은 표현이 가능하다는 점이 매력적이지요.

페이퍼퀼링은 옛날 중동에서 번성했던 금은 세선세공에서 유래했다는 설과 중세 유럽 한 수녀가 당시 귀했던 금실을 새의 깃대에 감아 종교화의 테두리를 장식한 것이 시작이라는 설 등 다양한 기원설이 있습니다. 종이와 감기 도구만 있으면 장소에 구애받지 않고 손쉽게 시작할 수 있는 페이퍼퀼링은 현재 유럽과 미국을 비롯해 세계 각지에서 사랑받고 있습니다. 스크랩북킹이나 까또나주와도 잘 어울리며, 오랫동안 간직하고 싶은 작품이나 특별한 날의 선물을 만들 때 즐길 수 있는 멋진 종이공예입니다.

시작하기 전에

❖ 주재료와 기본 도구 ❖

이 책에서 사용한 페이퍼퀼링 재료와 도구는 수예점이나 천원숍 등에서 쉽게 구할 수 있습니다.
문구점이나 인터넷을 통해서도 구입이 가능합니다.

● **종이** 페이퍼퀼링에 사용하는 종이는 도화지나 팬시지처럼 약간 힘이 있는 종이가 적절합니다.

도화지 · 팬시지 가늘고 길게 잘라 조각을 만들거나 카드를 만들 때 사용합니다. 색상이 풍부하여 다양한 작품을 만들 수 있습니다.

종이감기띠지 가늘고 길게 자른 페이퍼퀼링 전용 종이입니다. 폭 3~13mm, 길이 17~35cm까지 다양한 제품이 판매되고 있습니다. 작품에 알맞은 폭과 길이의 띠지를 선택하여 사용하세요.

블로섬페이퍼 도안에 이미 절단선이 들어간 페이퍼퀼링용 종이입니다. 손으로 눌러 간단히 떼어낼 수 있습니다. 꽃잎을 자유롭게 조합하여 입체적인 꽃잎을 만들 수 있습니다.

포장지 · 화지(和紙) · 색종이 페이퍼퀼링으로 만든 꽃과 잎을 붙이는 바탕지입니다. 다양한 무늬와 모양을 활용해 보세요.

종이테이프 주로 크리스마스 장식품을 만들 때 사용합니다. 두께가 약간 얇지만 장미나 꽃술도 만들 수 있습니다.

연필 큰 원을 만들 때 사용합니다.

젓가락 · 꼬치 · 이쑤시개 둥근 대바늘로도 큰 원을 만들 수 있습니다. 꼬치나 이쑤시개는 슬롯 대신 사용이 가능합니다.

퀼링 슬롯 끄트머리의 홈에 띠지를 끼워 감는 전용 도구입니다(아래 사진).

핑킹가위 날의 형태가 다양합니다. 술 장식에 변화를 주고 싶을 때 사용합니다.

가위 직선, 곡선을 자를 때 사용합니다. 페이퍼퀼링에는 끝이 날카롭고 날이 짧은 가위가 적합합니다(아래 사진).

종이 커팅기 A4~A3 크기의 종이를 원하는 폭으로 자를 수 있습니다.

칼 직선이나 세심하게 자를 때 사용합니다.

자 칼로 종이를 자를 때는 스테인리스 자, 치수를 잴 때는 눈금자가 적합합니다.

커팅 매트 칼을 사용할 때 바닥에 깔아줍니다.

목공용(수예용) 본드 마르면 투명해지는 제품이 좋습니다. 펄 비즈나 보석을 붙일 때 사용하는 장식용 본드도 있으면 편리합니다.

주걱 본드를 바를 때 사용합니다. 목제 머들러로 대체할 수 있습니다.

면봉 비어져 나온 본드를 닦을 때 사용합니다.

이쑤시개 본드를 바를 때 사용합니다.

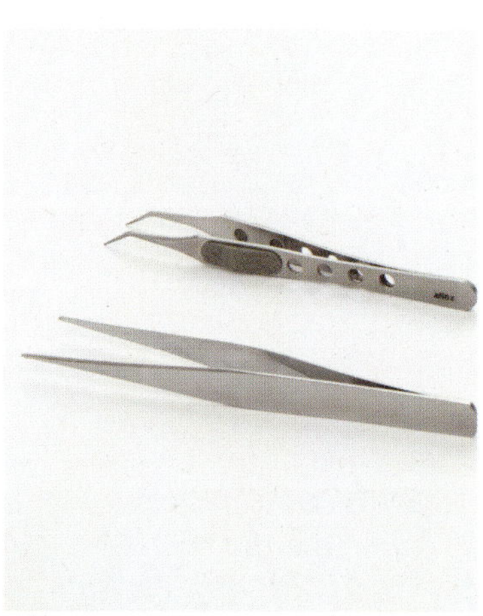

핀셋 조각을 만들거나 각 조각끼리 조합할 때, 조각을 바탕지에 붙일 때 사용합니다. 보석이나 비즈 등의 작은 장식을 붙일 때도 사용합니다.

있으면 편리한 도구

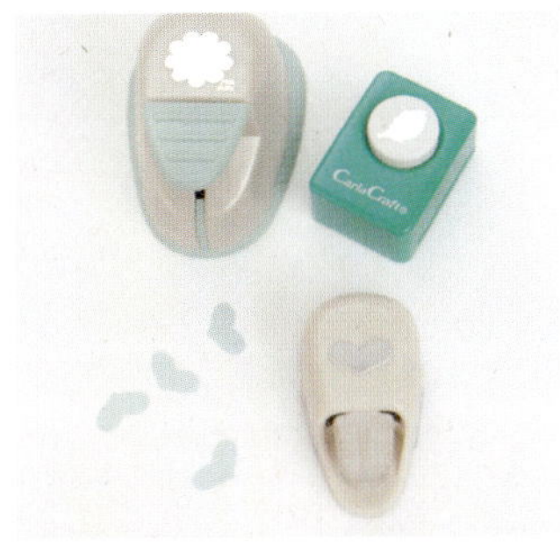

크래프트 펀치 종이를 끼워 누르기만 하면 쉽게 모양을 낼 수 있습니다.

스탬프 카드나 태그에 찍어주면 색다른 분위기를 냅니다.

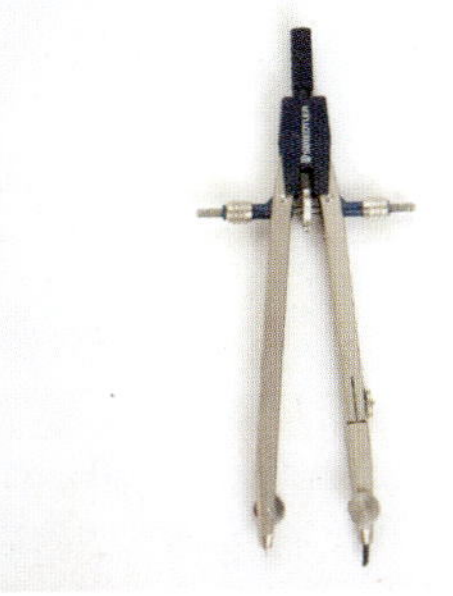

컴퍼스 원형 조각이 있는 작품에 사용합니다.

글루건 스틱 형태의 수지를 녹여 붙이는 도구. 열에 녹은 수지가 식으면 굳어서 작업 시간이 단축됩니다.

글리터 반짝이가 들어 있는 풀. 조각이나 완성된 작품에 발라 화려함을 더합니다.

플로라테이프(마스킹테이프) 캔디플라워를 만들 때 사용합니다. 조각을 임시로 고정할 때도 사용합니다.

카드 · 종이가방 · 상자 · 태그 완성된 종이꽃을 붙이기에 좋습니다. 시중에 판매되는 제품이나 빈 과자상자 등을 활용해보세요.

장식 소품

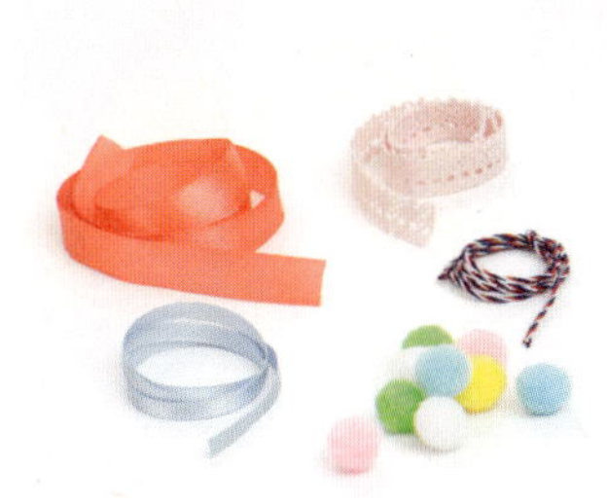

리본(굵은 리본 · 얇은 리본 · 레이스) · 끈 · 폼폼이 소재와 색상, 두께에 따라 다양한 제품이 있습니다. 세련된 분위기를 연출할 때 빠질 수 없지요.

꽃술장식 꽃의 중심에 사용합니다.

보석 완성된 작품에 붙이면 더욱 화사해집니다.

펄 비즈 · 반원 펄 비즈 입체적인 꽃의 중심에는 펄 비즈를, 평면에는 반원 펄 비즈를 사용합니다.

기본 조각

● 느슨한 모양 16~18쪽

느슨한 원 Loose Coil

느슨한 원을 만들고 나면
다음과 같은 모양으로 변형시킬 수 있습니다.

느슨한 눈물방울
Loose Teardrop

느슨한 잎
Loose Leaf

느슨한 삼각형
Loose Triangle

느슨한 나무
Loose Tree

느슨한 초승달
Loose Crescent

느슨한 사각형
Loose Square

느슨한 반원
Loose Dome

느슨한 고양이귀
Loose Cat Ear

● 이심형 모양 18~19쪽

이심형 원 Ripple Coil

느슨한 원을 응용한 것입니다.
중심이 한쪽으로 치우친 물결무늬의 조각을 만들 수 있습니다.

이심형 눈물방울
Ripple Teardrop

이심형 벚꽃잎
Ripple Cherry
Petal

긴 이심형
Long Ripple

구부러진 긴 이심형
Long Ripple Curl

이심형 다이아몬드
Ripple Diamond

● 스크롤 모양 20~21쪽

느슨한 스크롤 Loose Scroll

감는 방향에 따라 다음과 같은
모양을 만들 수 있습니다.

느슨한 하트
Loose Heart

V 스크롤
V Scroll

C 스크롤
C Scroll

S 스크롤
S Scroll

같은 방향 스크롤
Same Side Scroll

인사이드 스크롤
Inside Scroll

스크롤 잎
Scroll Leaf

인사이드 스크롤 잎
Inside Scroll Leaf

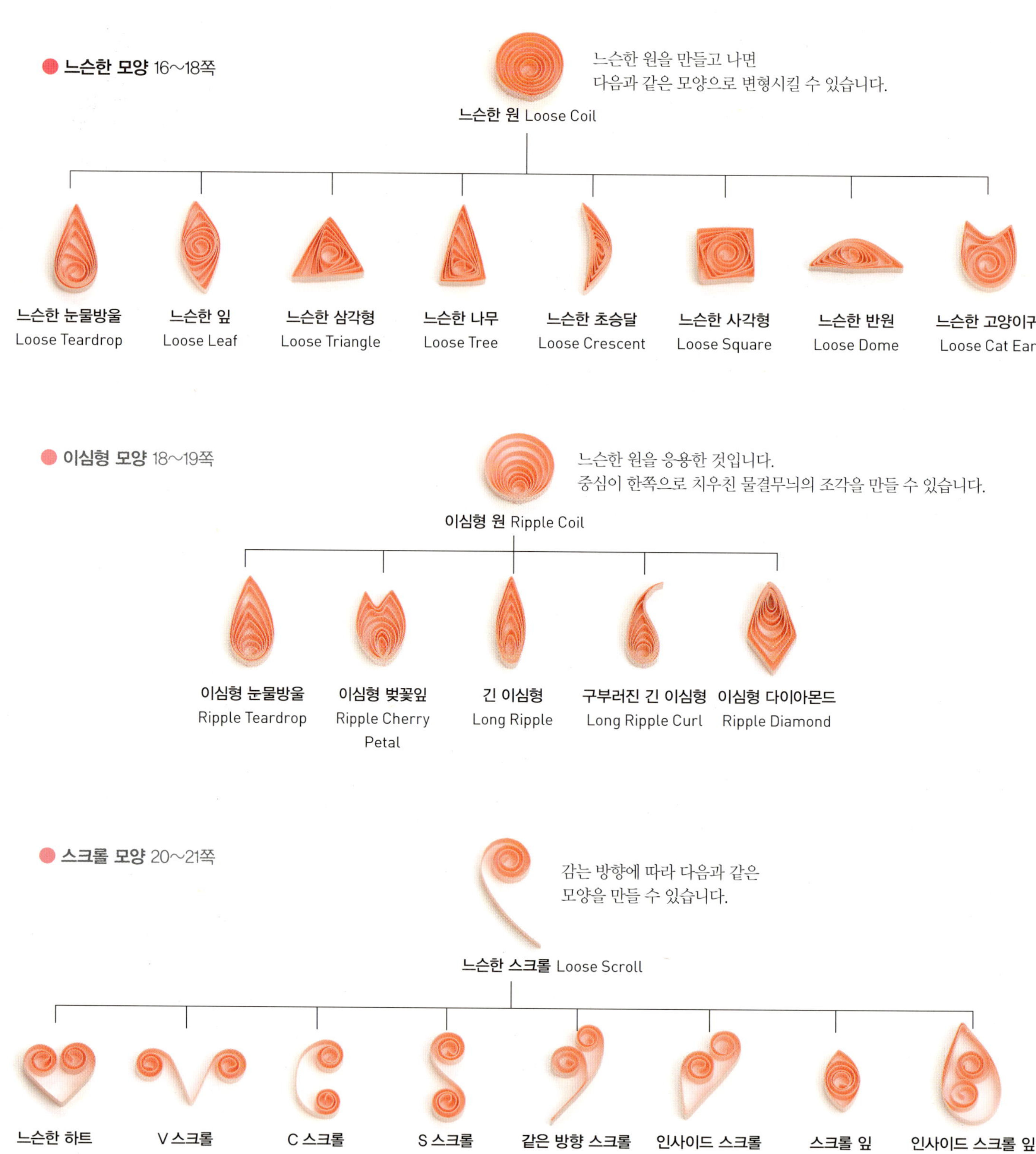

슬롯이나 꼬치 등에 강하게 감으면
다음과 같은 모양을 만들 수 있습니다.

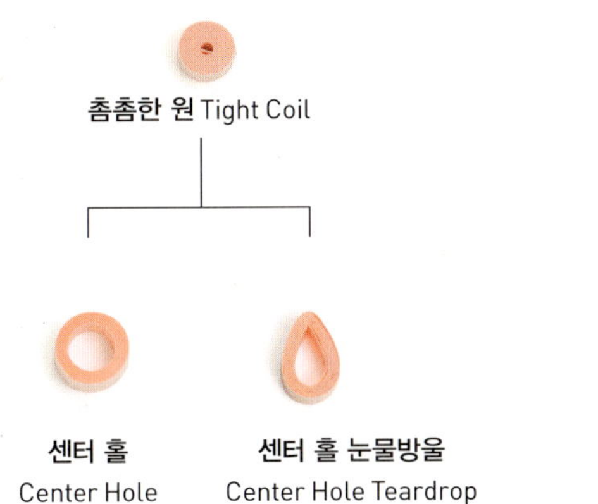

촘촘한 원 Tight Coil

센터 홀
Center Hole

센터 홀 눈물방울
Center Hole Teardrop

감지 않고 구부려서 다음과 같은 모양을 만들 수 있습니다.

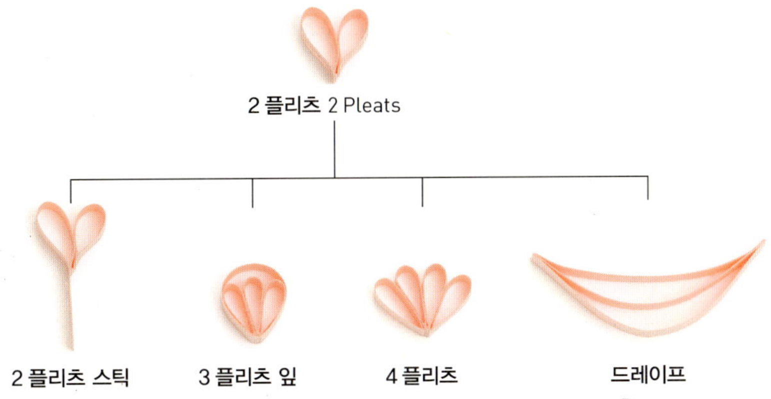

2 플리츠 2 Pleats

2 플리츠 스틱
2 Pleats Stick

3 플리츠 잎
3 Pleats Leaf

4 플리츠
4 Pleats

드레이프
Drape

말면서 접거나 나선형으로 말아서 만듭니다.

스파이럴 로즈 a
Spiral Rose a

폴딩 로즈
Fold Rose

스파이럴 로즈 b
Spiral Rose b

스파이럴 로즈 c
Spiral Rose c

띠지나 블로섬페이퍼에 잘게 칼집을 넣어 만듭니다.

꽃술 a
Fringe Flower a

꽃술 b
Fringe Flower b

꽃술 c
Fringe Flower c

꽃술 d
Fringe Flower d

가늘고 긴 띠지를 꼬치 등에 감아서 만든 나선형 조각입니다.

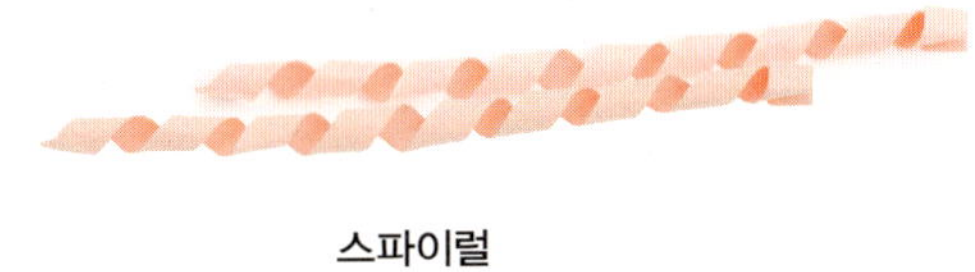

스파이럴
Spiral

기본 테크닉

페이퍼퀼링은 기본 조각을 만드는 것에서부터 시작합니다. 여기서는 슬롯을 사용하는데, 이쑤시개나 연필을 이용해서 만들 수도 있습니다.
접는 방법이나 각도에 따라 다양한 형태가 만들어집니다. 기본 조각 만드는 방법을 익혀보세요.

❖ 기본 조각 ❖

느슨한 원   가장 많이 사용하는 기본 조각. 다양한 형태로 변형할 수 있습니다.

 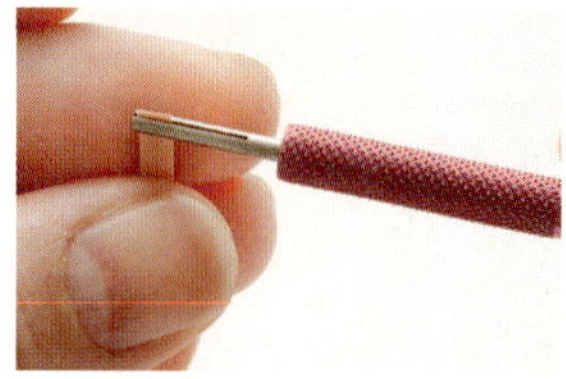 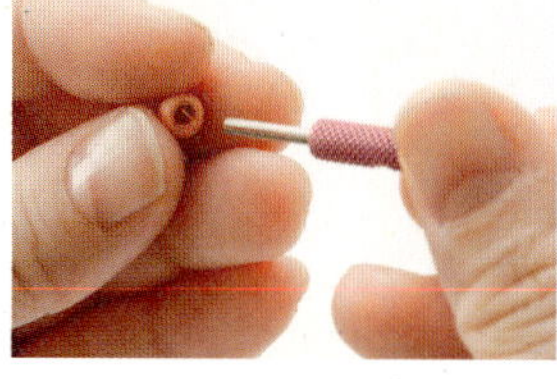 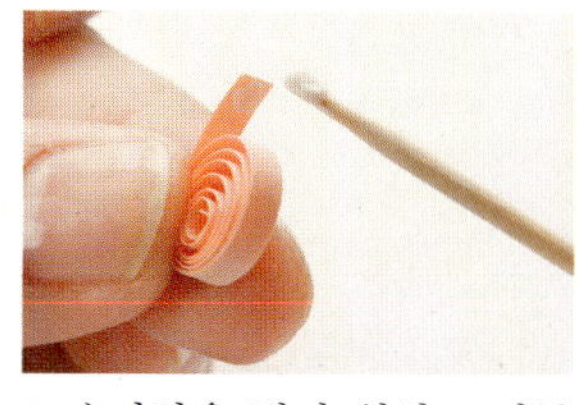 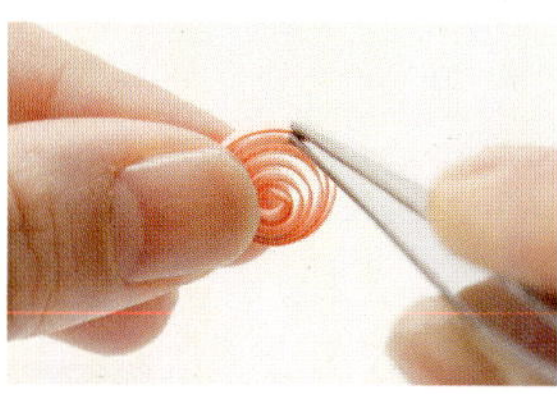

1. 슬롯 홈에 종이 끝이 튀어나오지 않게 끼우고 앞으로 말아준다.
2. 끝까지 만 다음 엄지와 검지로 눌러주면서 슬롯을 뺀다.
3. 손가락을 벌려 원의 크기를 조절하고 끝에 본드를 소량 바른다.
4. 본드를 바른 부분을 핀셋으로 잡아 붙인다.

느슨한 눈물방울   느슨한 원의 변형. 꽃잎이나 꽃봉오리 등 다양하게 사용되는 모양.

 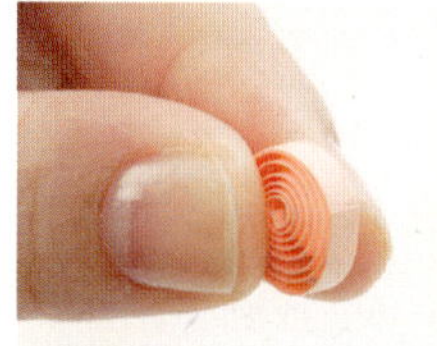 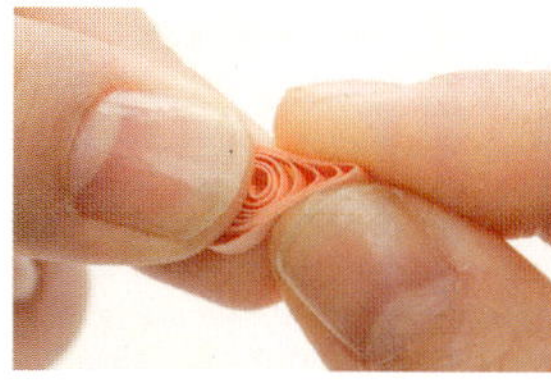 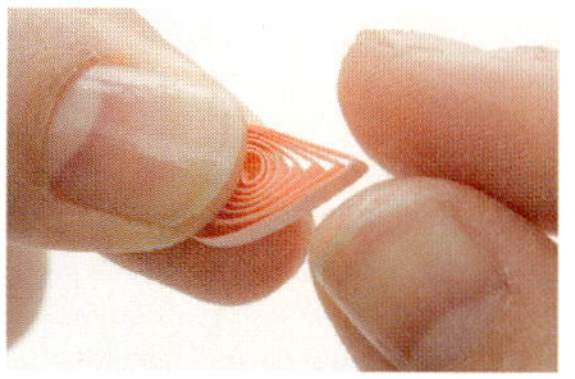

1. 풀칠한 곳이 기점(접는 선)이 되도록 반대쪽을 잡는다.
2. 엄지와 검지로 뾰족하게 눌러준다.
3. 눈물방울 모양으로 다듬는다.

느슨한 잎   느슨한 원의 변형. 이파리는 물론 꽃잎도 되는 편리한 모양.

 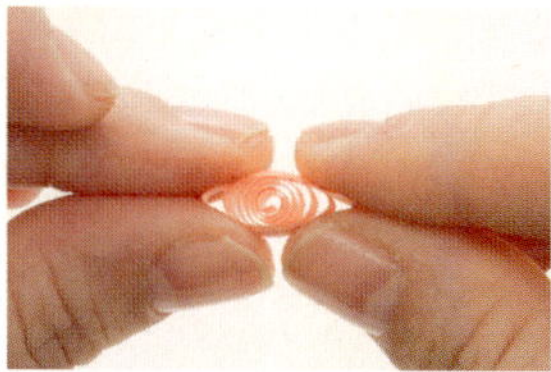 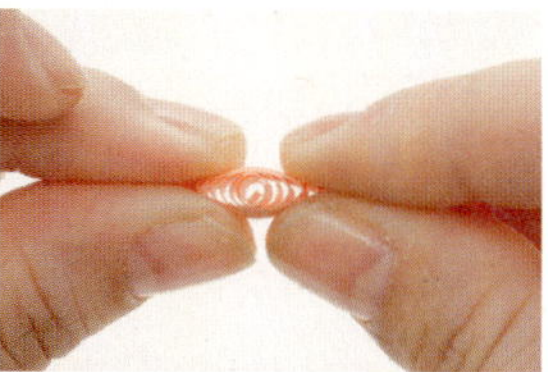

1. 풀칠한 곳이 기점(접는 선)이 되도록 양 끝을 잡는다.
2. 같은 힘으로 양 끝을 눌러준다.

　느슨한 눈물방울의 변형.

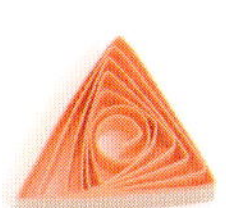
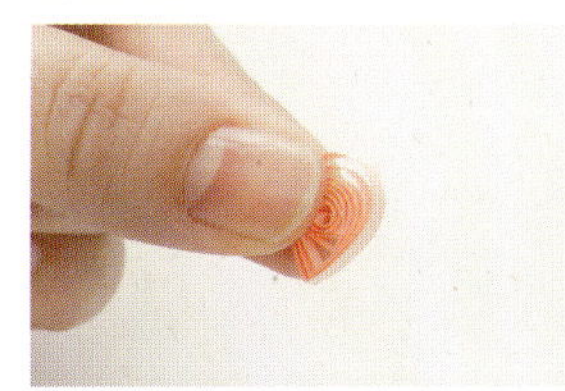
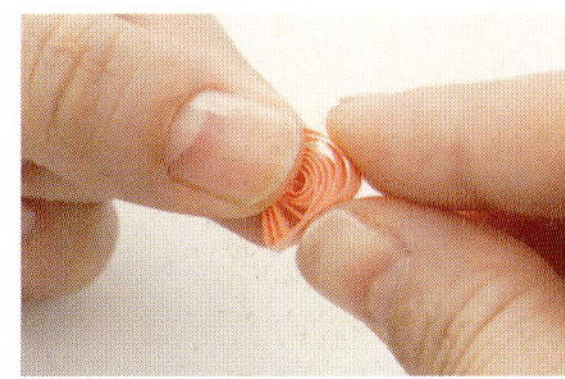
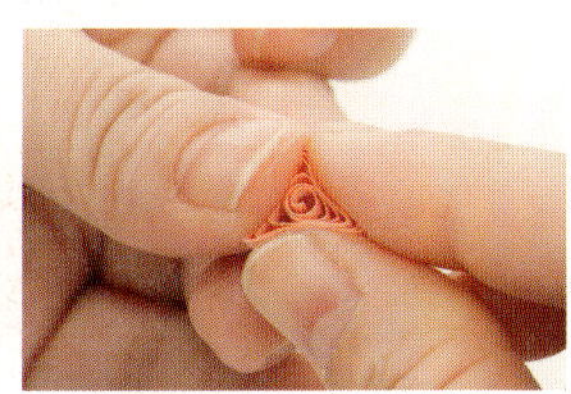

1. 뾰족한 부분을 밑으로 해서 잡는다.
2. 삼각형이 되도록 오른손 엄지와 검지로 두 번째 각을 만든다.
3. 시계 방향으로 돌려 잡고, 같은 방법으로 세 번째 각을 만든다.

느슨한 나무　느슨한 원의 변형.

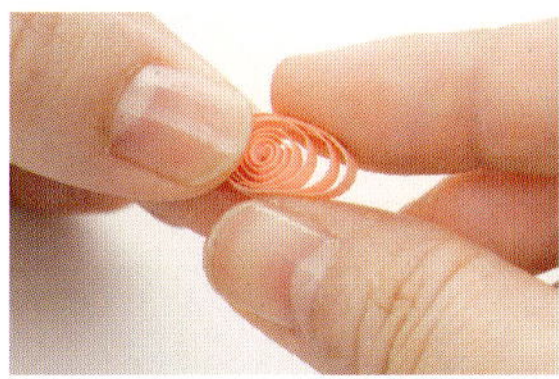
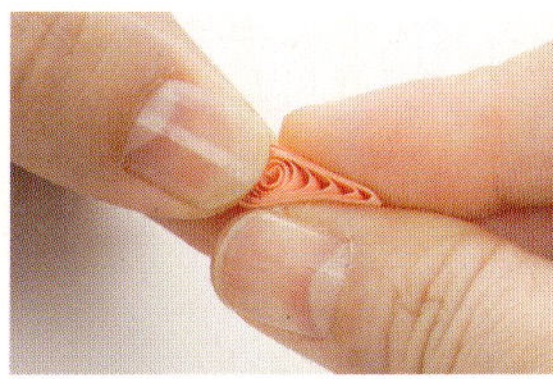
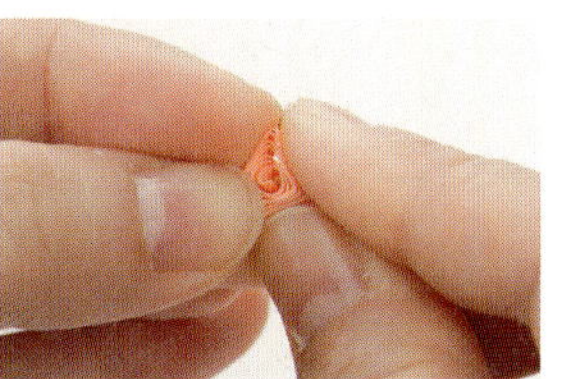

1. 왼손 엄지와 검지로 조각을 약간만 잡는다.
2. 눈물방울을 만들듯, 끝을 뾰족하게 눌러 긴 두 변을 만든다.
3. 돌려서 짧은 변을 만든다.

느슨한 초승달　느슨한 원의 변형.

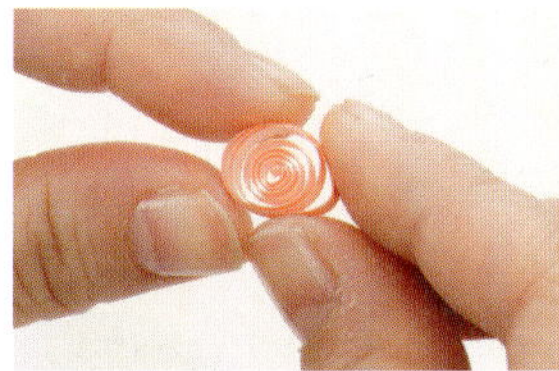

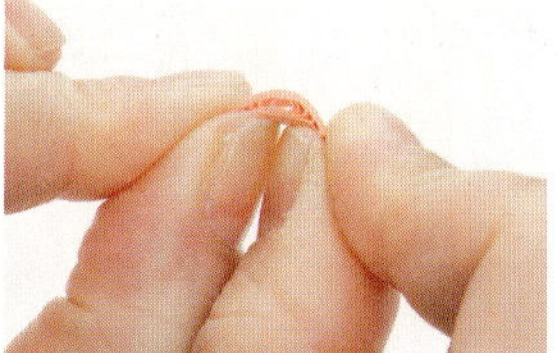

1. 사진처럼 양 손끝으로 조각을 잡는다.
2. 바깥쪽은 활처럼 둥글게 검지를 대고, 안쪽을 엄지로 꾹 밀어준다.
3. 초승달 모양이 되도록 손끝으로 단단히 눌러준다.

느슨한 사각형　느슨한 원의 변형.

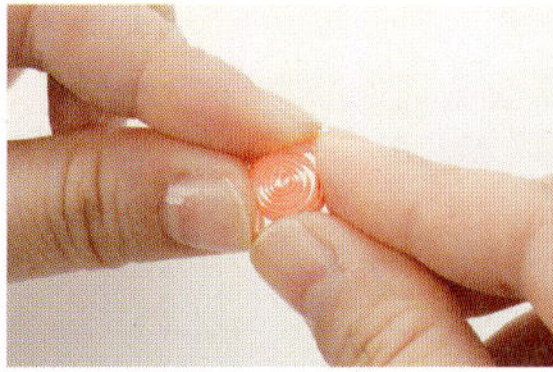
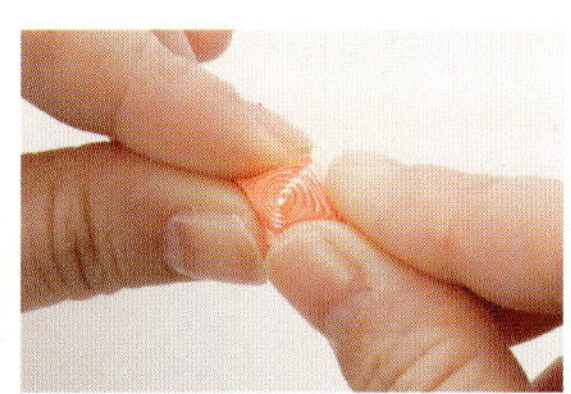

1. 양 손끝으로 사각형 모양을 만들어 조각을 잡는다.
2. 엄지와 검지로 두 개의 각을 만든다.
3. 시계 방향으로 돌려 2처럼 각을 만들어 사각형을 완성한다.

    느슨한 원의 변형.

1. 사진처럼 양 손끝으로 조각을 잡는다.

2. 바닥은 평평하게 하고 바깥쪽은 곡선을 그리듯 모양을 잡아준다.

느슨한 고양이귀   느슨한 원의 변형.

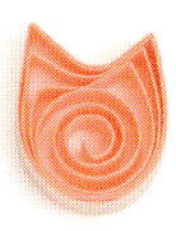
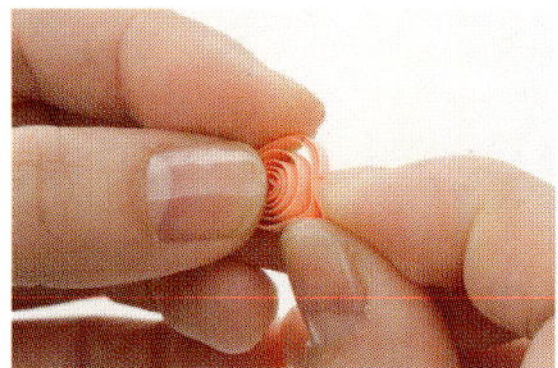
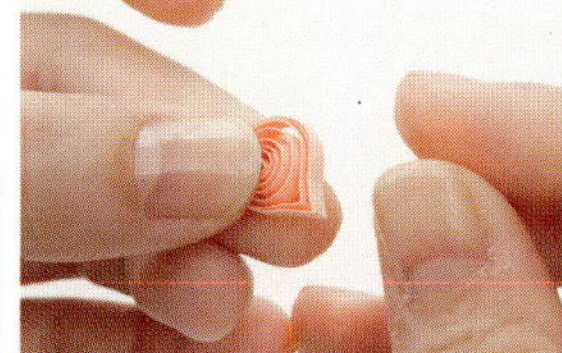
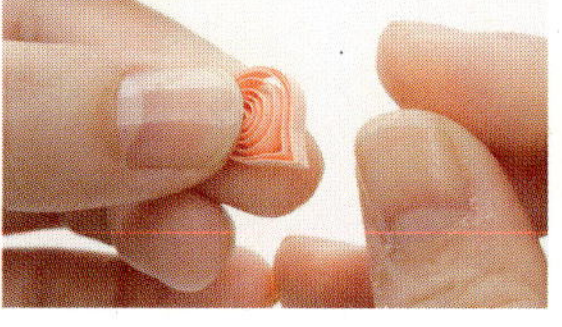
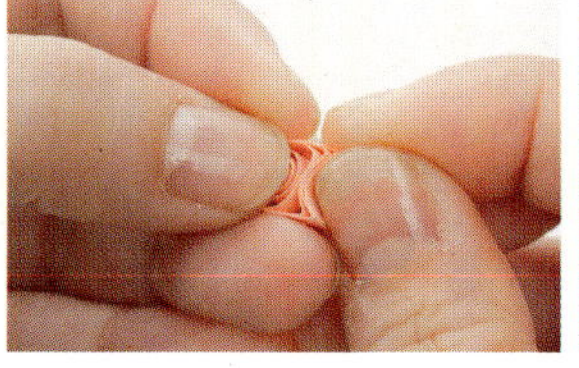

1. 왼손으로 조각을 잡고 오른손 엄지와 검지로 누른다.

2. 아래쪽에 작은 각을 만든다.

3. 왼손은 그대로 두고 위쪽에도 작은 각을 만든다.

4. 두 개의 각을 모아 모양을 잡는다.

이심형 원   중심이 한쪽으로 치우친 느슨한 원의 변형. 느슨한 원(16쪽 참조)에서 이어집니다.

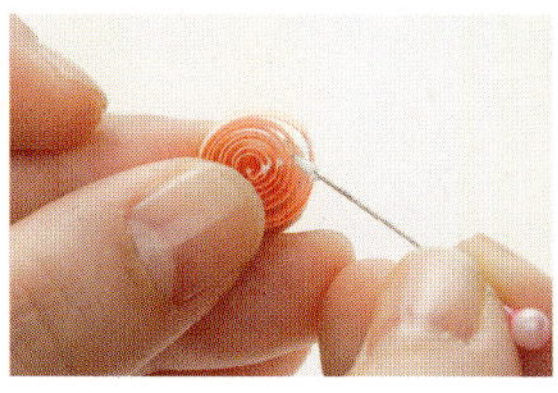
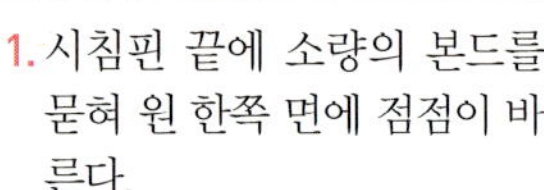
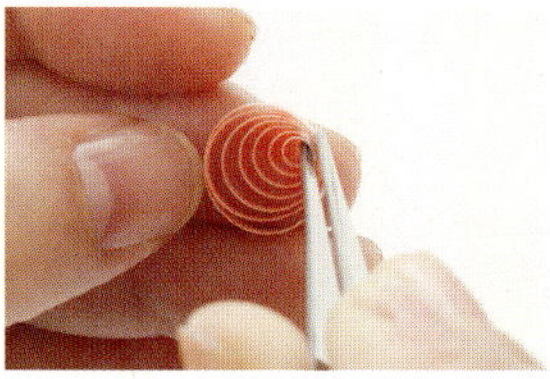

1. 시침핀 끝에 소량의 본드를 묻혀 원 한쪽 면에 점점이 바른다.

2. 핀셋으로 느슨한 원의 중심과 끝을 잡아 한쪽으로 모아 붙인다.

이심형 눈물방울   이심형 원의 변형.

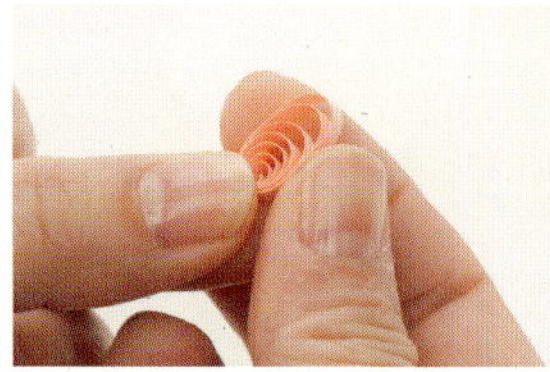
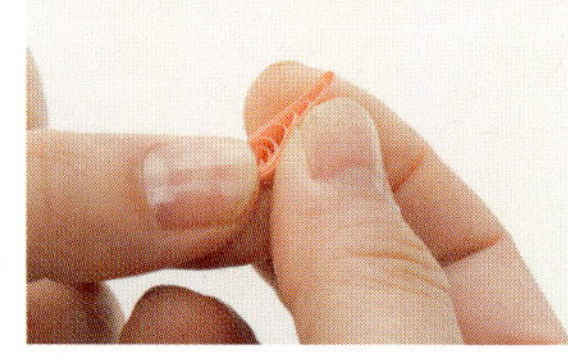

1. 이심형 원의 아래쪽을 잡고 엄지와 검지를 댄다.

2. 눈물방울 모양으로 눌러준다.

 이심형 원의 변형.

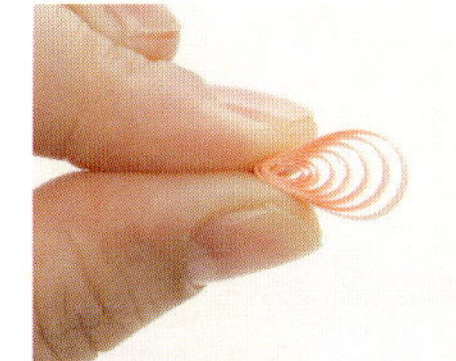
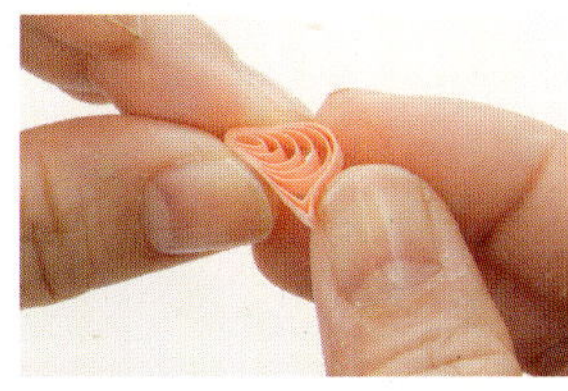
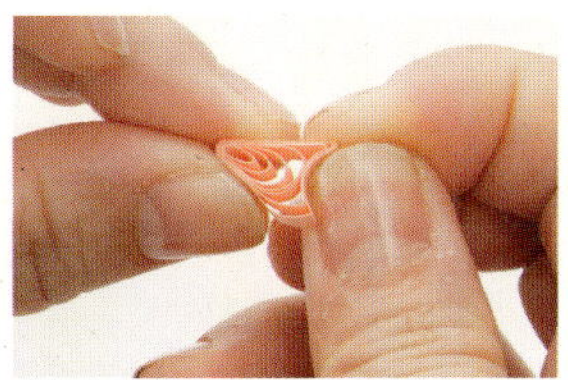
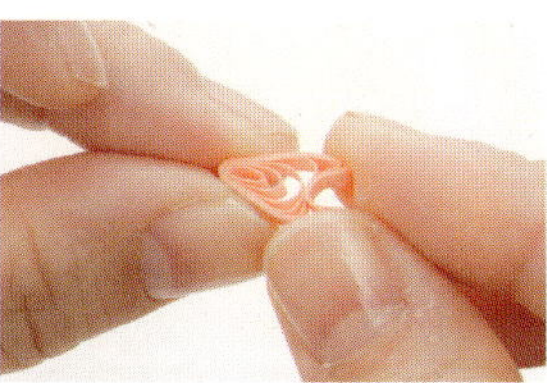

1. 이심형 원의 아래쪽을 잡는다.

2. 오른쪽 엄지와 검지로 작은 각을 만든다.

3. 왼손은 그대로 두고 위쪽에도 작은 각을 만든다.

4. 두 개의 각을 모아 모양을 다듬는다.

긴 이심형 이심형 눈물방울의 변형.

1. 이심형 눈물방울의 끝을 잡고 얇고 길게 늘인다.

2. 최대한 늘인 다음 눌러준다.

구부러진 긴 이심형 이심형 눈물방울의 변형.

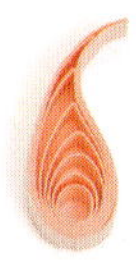
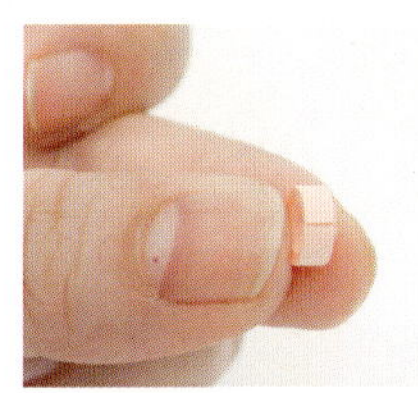

1. 긴 이심형의 풀칠한 부분이 아래로 오도록 잡는다.

2. 이쑤시개로 끝을 구부려준다.

이심형 다이아몬드 이심형 눈물방울의 변형.

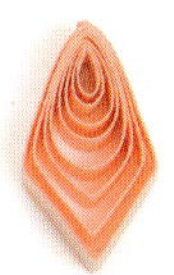
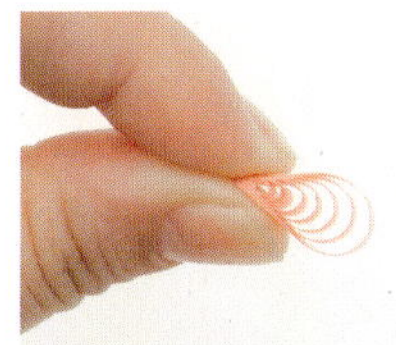
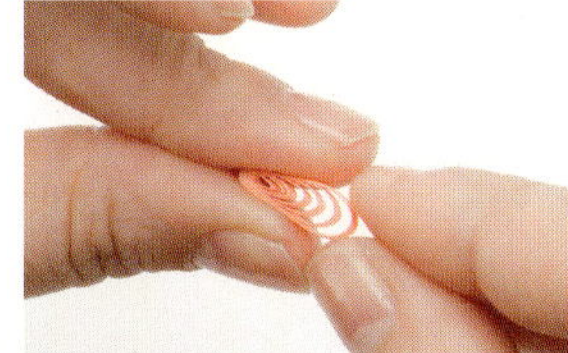

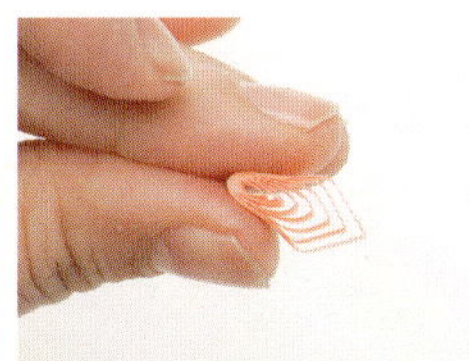

1. 이심형 원(18쪽 참조)의 촘촘한 부분을 뾰족하게 만든다.

2. 반대쪽도 엄지와 검지로 눌러서 뾰족하게 만든다.

3. 중심으로 밀어준다.

4. 다시 한 번 촘촘한 부분을 눌러준다.

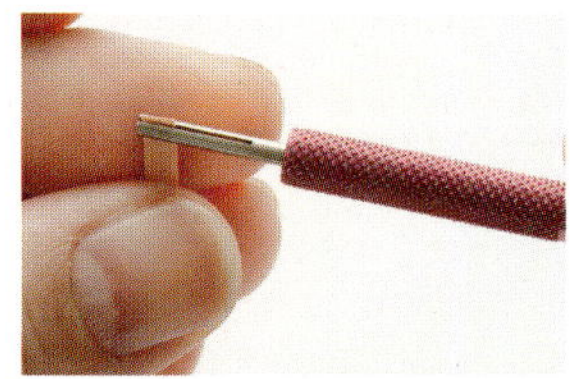 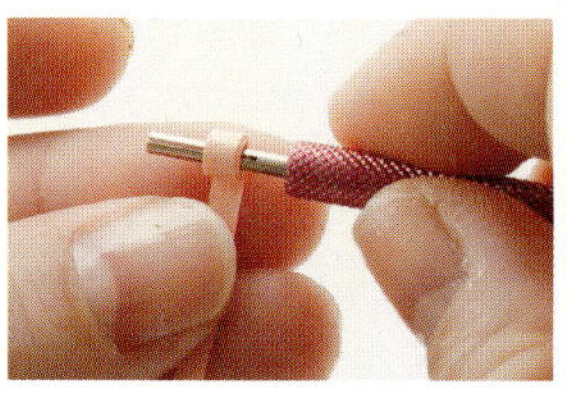 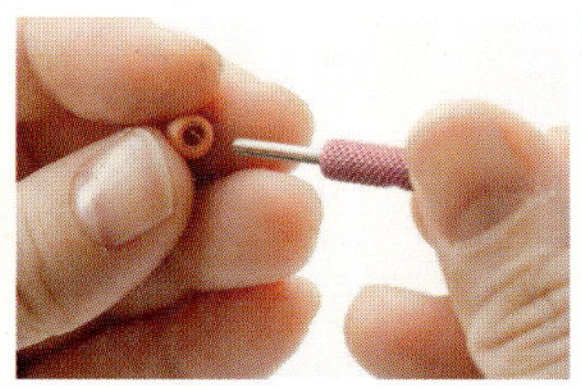 

1. 슬롯 홈에 종이 끝이 튀어나 오지 않게 끼운다.

2. 슬롯을 중지에 대고 안쪽으로 감아준다.

3. 끝까지 감은 뒤 엄지와 검지로 누르면서 슬롯을 뺀다.

4. 엄지와 검지를 벌리면서 중지를 대고 크기를 조절한다.

  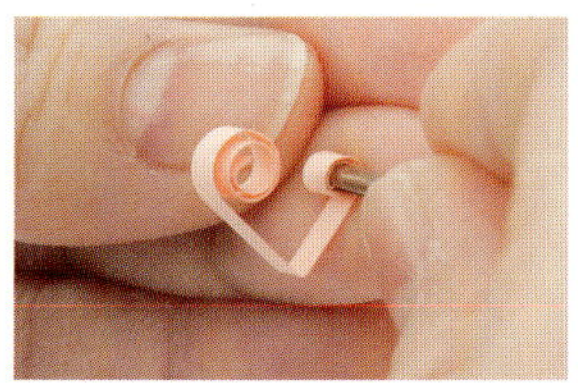

1. 종이를 반으로 접는다.

2. 접은 선을 향해 안쪽으로 감는다.

3. 나머지 한쪽도 같은 방법으로 감는다.

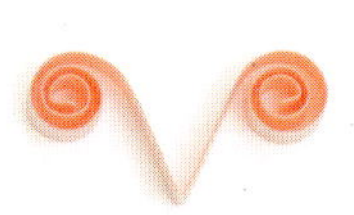

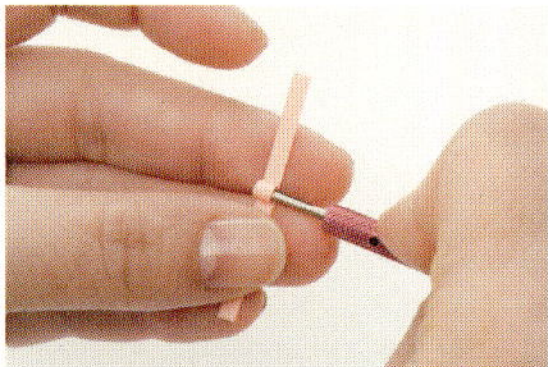 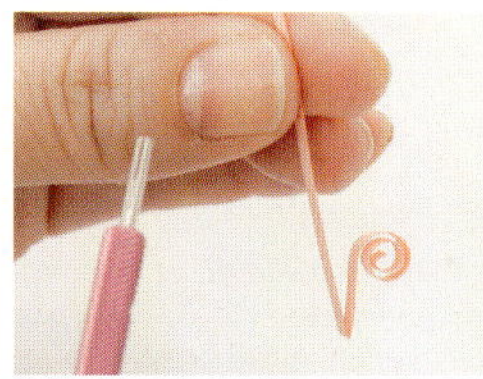 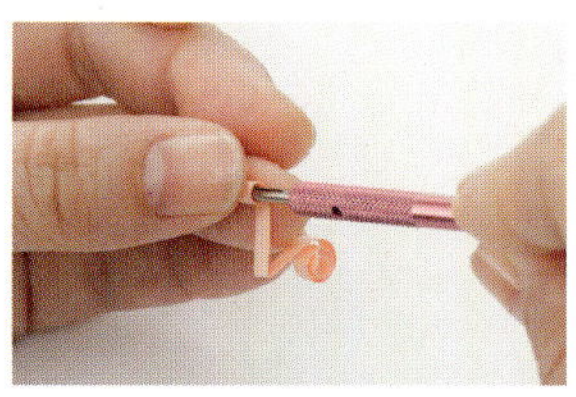

1. 종이를 반으로 접고 바깥쪽으로 감아준다.

2. 한쪽이 완성된 상태.

3. 반대쪽도 같은 방법으로 감는다.

  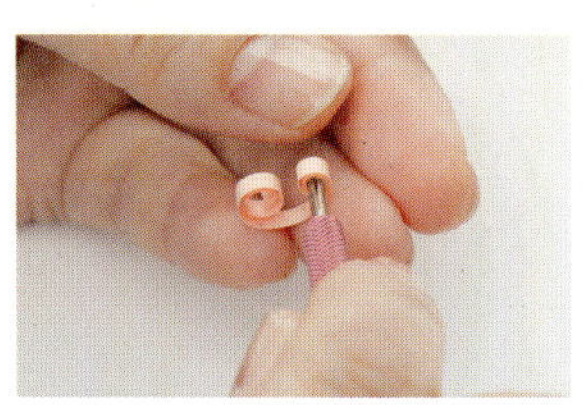

1. 검지 안쪽에 종이를 올려놓고 슬롯의 손잡이를 댄다.

2. 슬롯을 눌러 당기면서 자연스러운 컬을 만든다.

3. 양 끝을 종이 중간까지 안쪽으로 감는다.

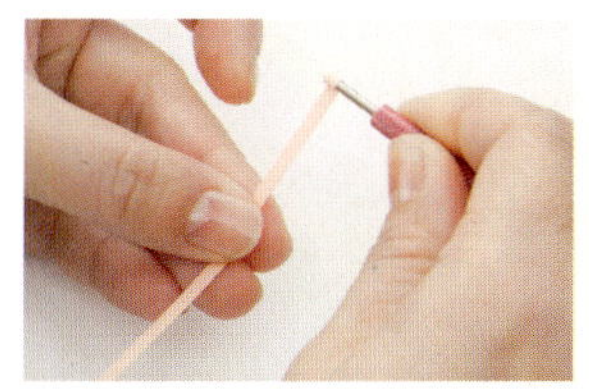
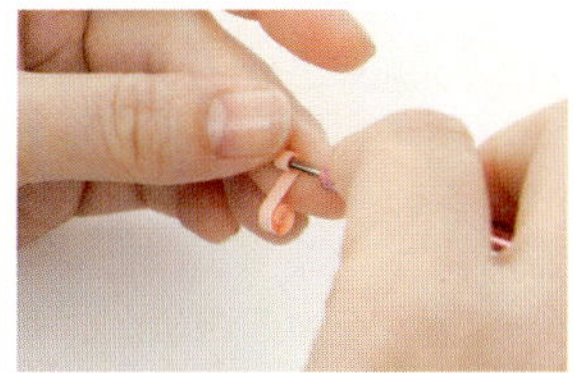

1. 종이의 중간 지점을 손으로 잡고 안쪽으로 감는다.

2. 반대쪽을 S자가 되도록 바깥쪽으로 감는다.

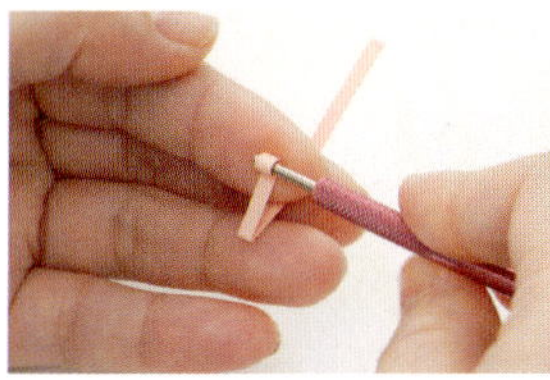
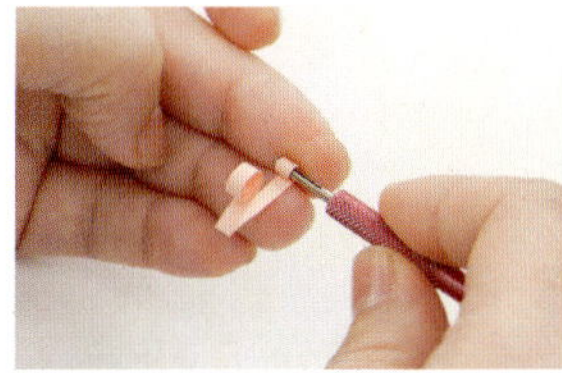
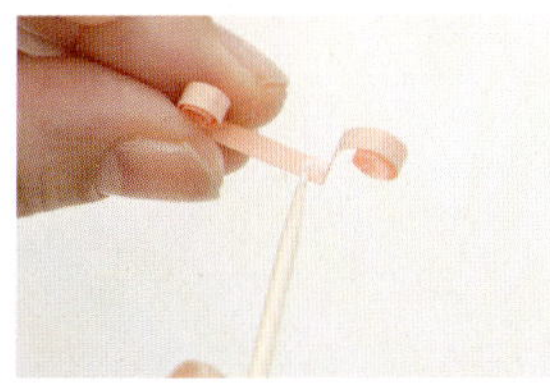
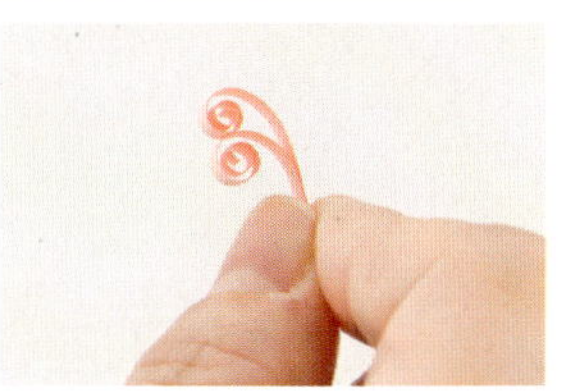

1. 종이를 반으로 접고, 접은 선을 향해 안쪽으로 감는다.

2. 나머지 한쪽도 안쪽으로 감는다.

3. 접은 선 안쪽에 본드를 바른다.

4. 붙인다.

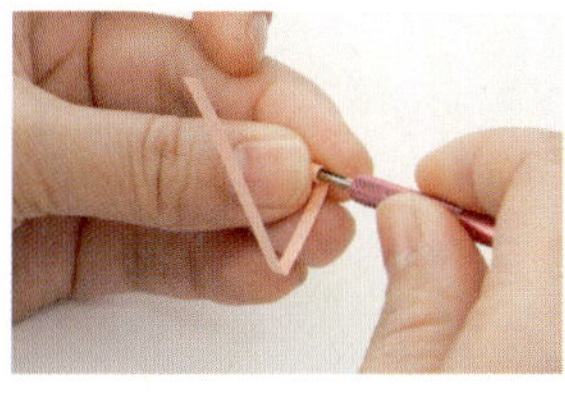
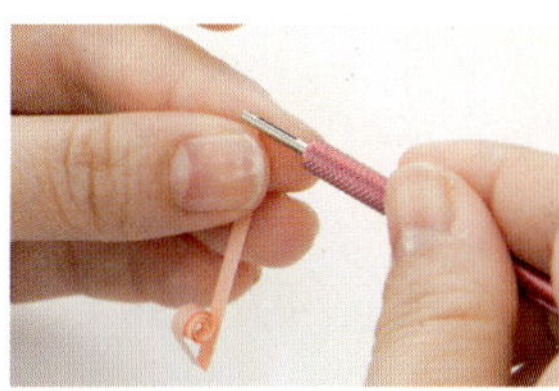
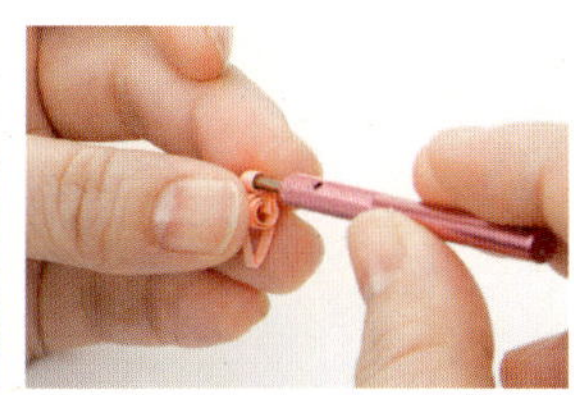

1. 종이를 반으로 접고, 접은 선을 향해 안쪽으로 감는다.

2. 1에서 만든 원이 앞에 오도록 종이를 든다.

3. 1에서 만든 원을 엄지로 누르고, 나머지 한쪽을 그 위까지 감는다.

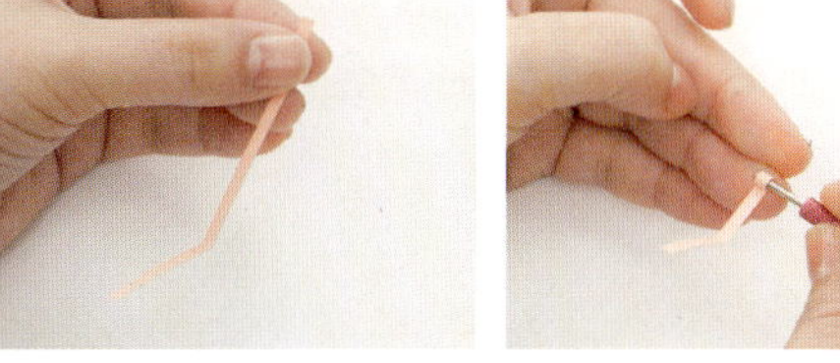

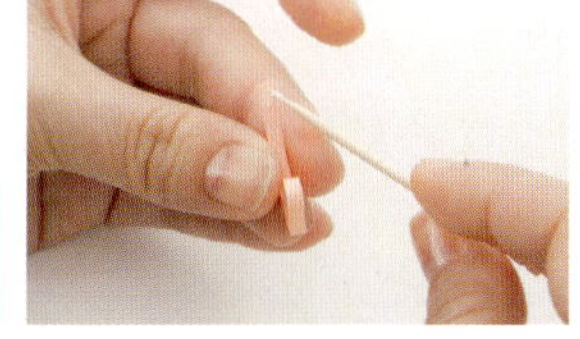
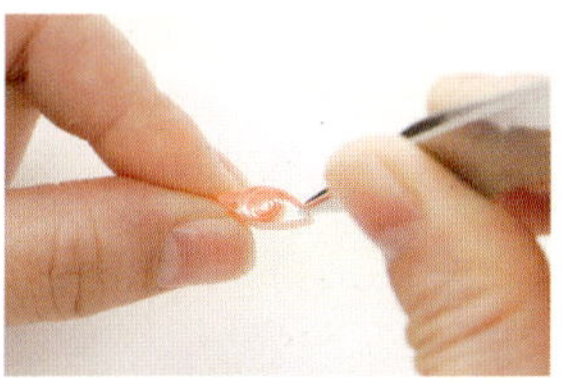

1. 종이의 3분의 1 지점을 접는다.

2. 3분의 2를 접은 선까지 안쪽으로 감아준다.

3. 남은 3분의 1의 안쪽에 본드를 바르고 끝이 2를 감싸도록 붙인다.

4. 본드를 바른 곳을 핀셋으로 잡고, 반대쪽을 눌러 뾰족하게 만든다.

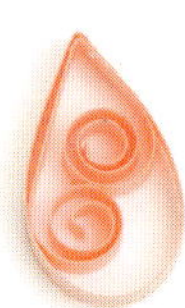
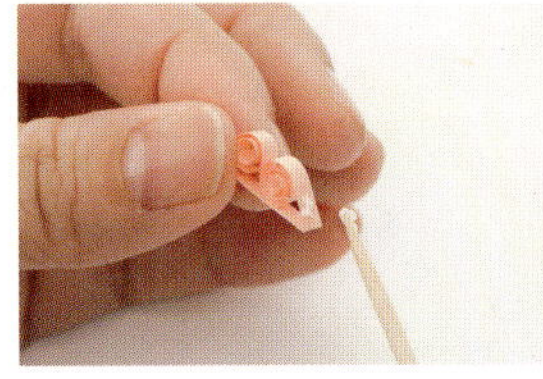
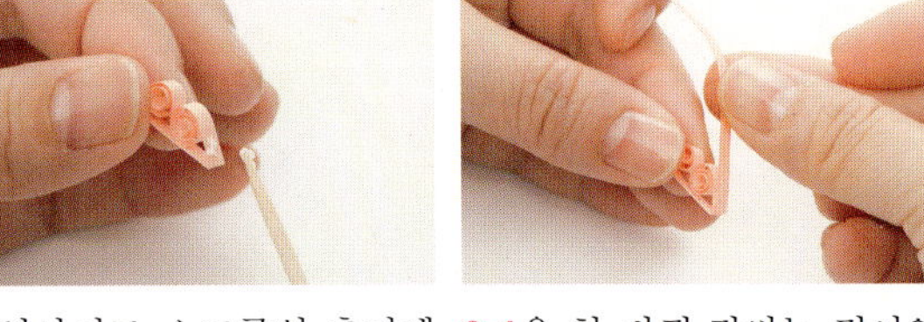
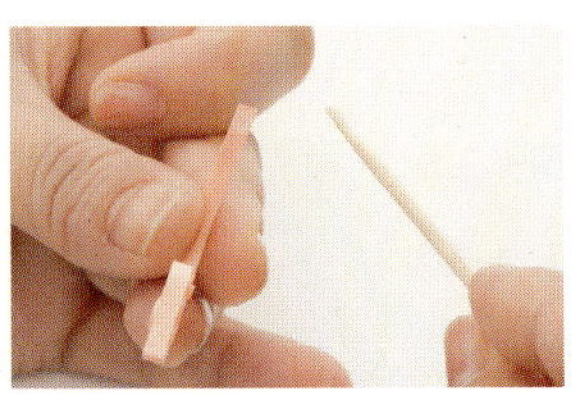
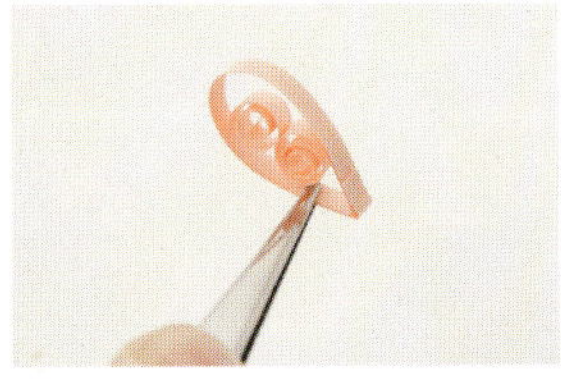

1. 인사이드 스크롤의 측면에 본드를 바른다.

2. 1을 한 바퀴 감싸는 길이의 종이를 붙인다.

3. 2의 끝에 본드를 발라 1을 감싼다.

4. 1cm가 겹치도록 접어서 붙인다.

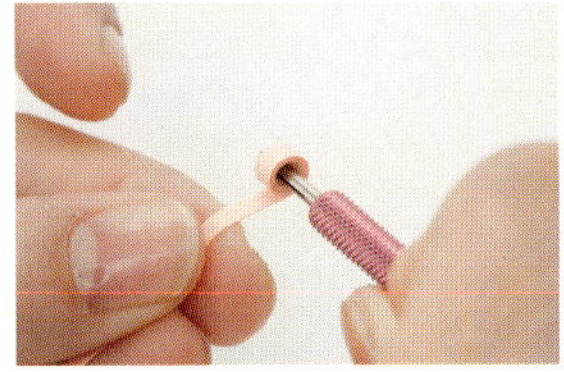
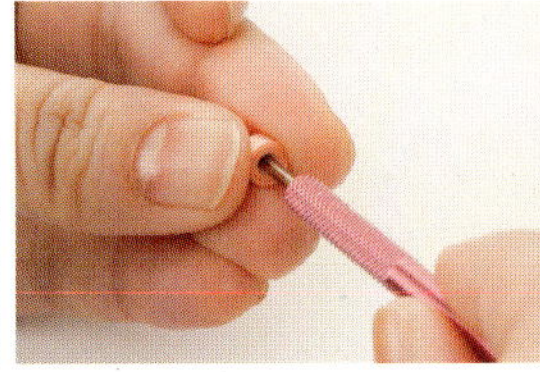
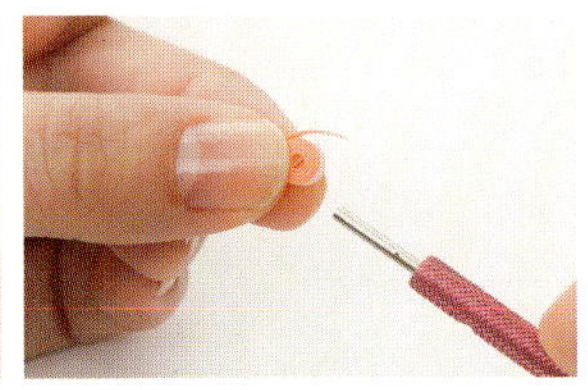

1. 슬롯에 종이를 끼우고 강하게 감는다.

2. 끝까지 단단하게 감는다.

3. 단단히 감긴 상태에서 슬롯을 빼고, 끝에 본드를 발라 붙인다.

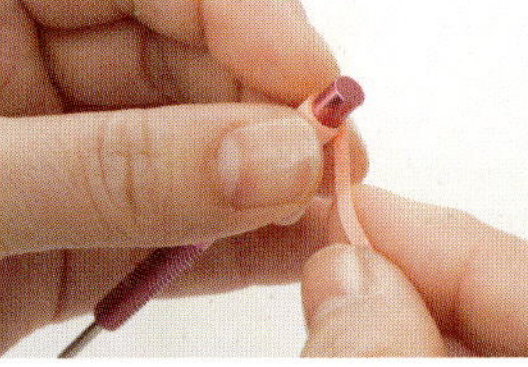
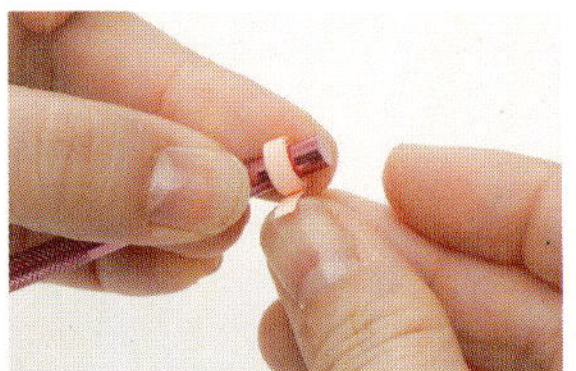
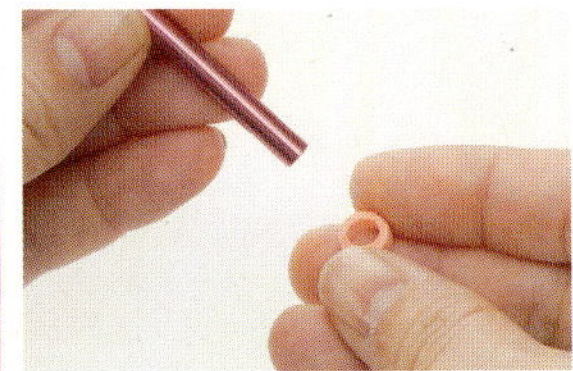

1. 종이를 슬롯 손잡이(안지름 5mm)에 대고 세게 감는다.

2. 끝까지 단단하게 감아준다.

3. 끝에 본드를 바르고 붙인다.

4. 슬롯을 뺀다.

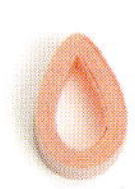
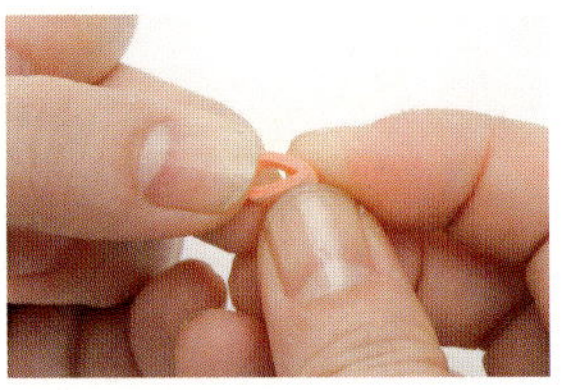

센터 홀의 풀칠한 부분을 눌러 눈물방울 모양을 만든다.

   종이 1장으로 플리츠와 가지를 동시에 만듭니다.

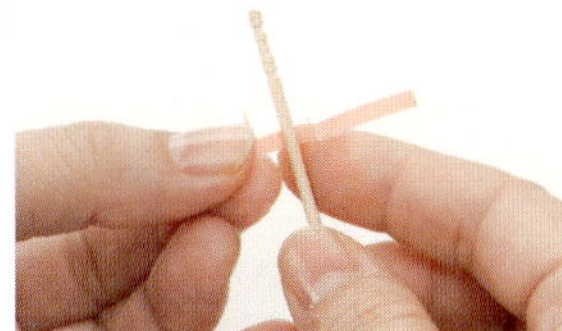 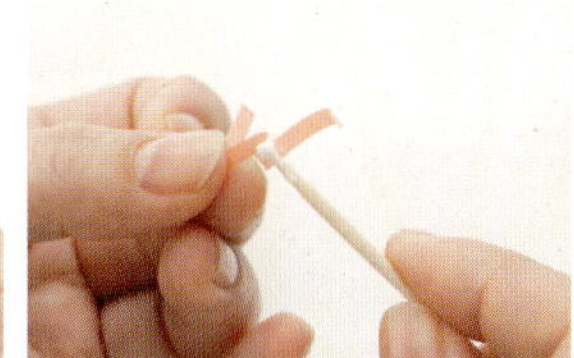 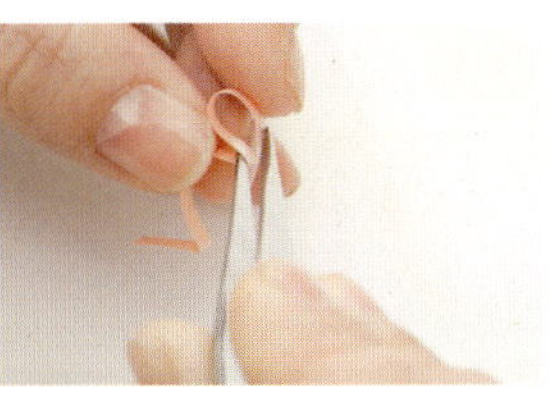

1. 가지가 될 길이만큼 종이를 접고, 나머지를 2등분한다.

2. 2등분한 곳을 이쑤시개를 이용해 둥글게 구부린다.

3. 접은 선 안쪽에 본드를 소량 바른다.

4. 핀셋으로 잡아 붙인다. 같은 방법으로 나머지 고리도 만든다.

 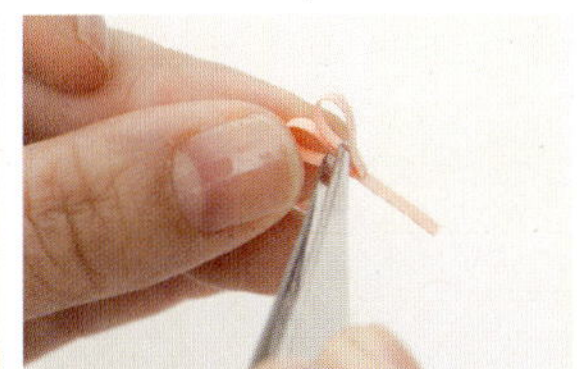

5. 고리 안쪽에 본드를 소량 바른다.

6. 핀셋으로 잡아 붙인다.

   플리츠를 둥글게 감싼 모양.

 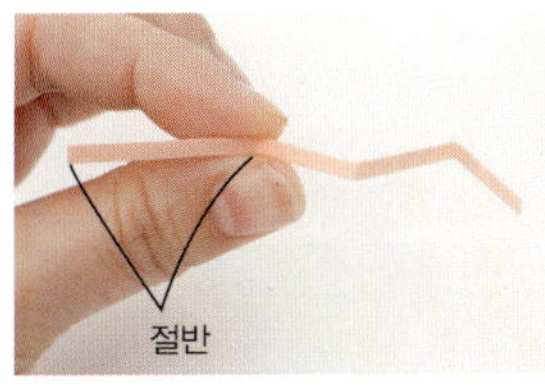

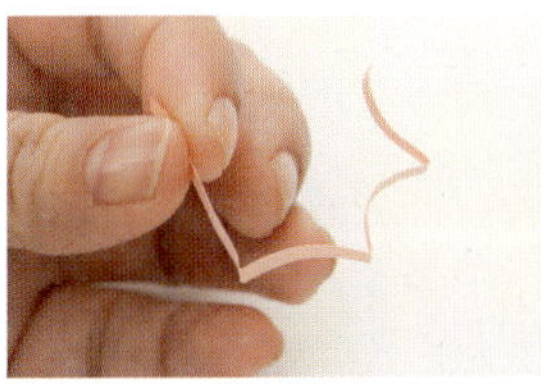 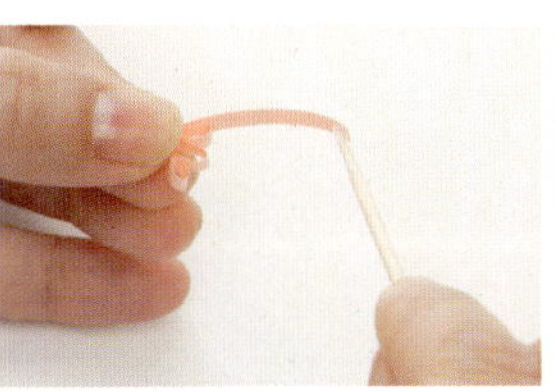 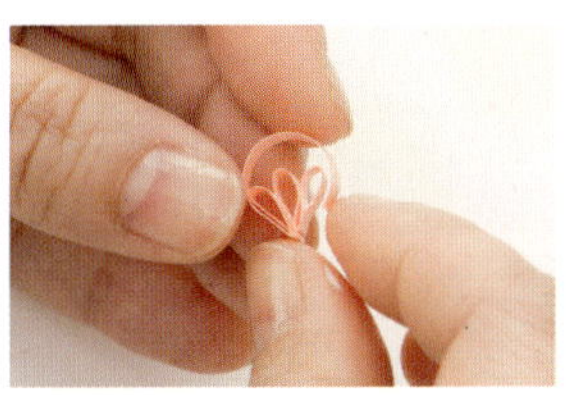

1. 종이를 반으로 접고 한쪽을 3등분한다.

2. 3등분한 곳을 이쑤시개를 이용해 둥글게 구부린다.

3. 고리 3개를 만든다. 남은 절반은 이쑤시개로 둥글게 말아 끝에 본드를 소량 바른다.

4. 끝을 맞춰서 고리를 감싸듯이 붙인다.

 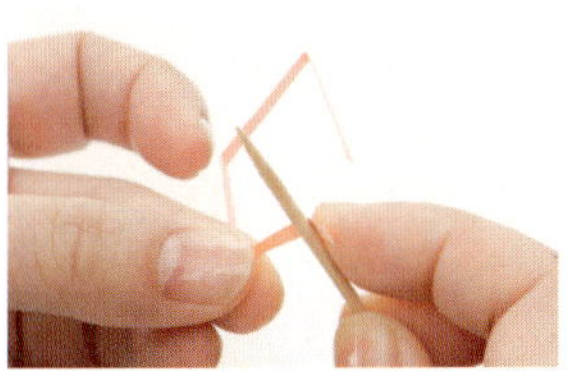 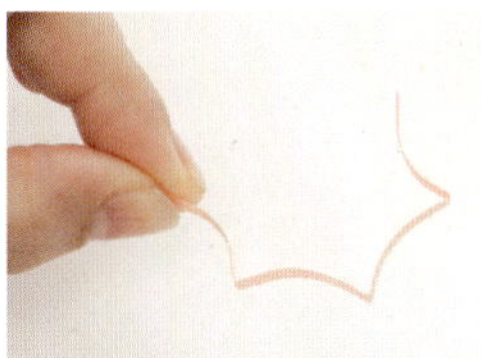 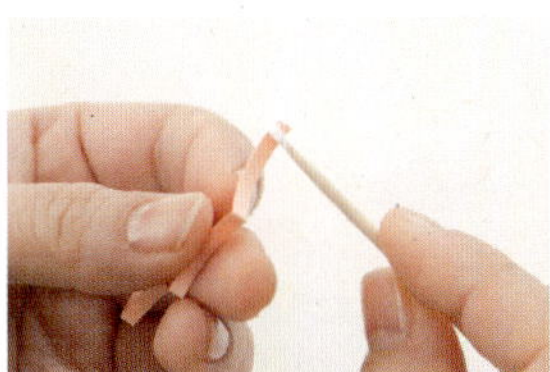 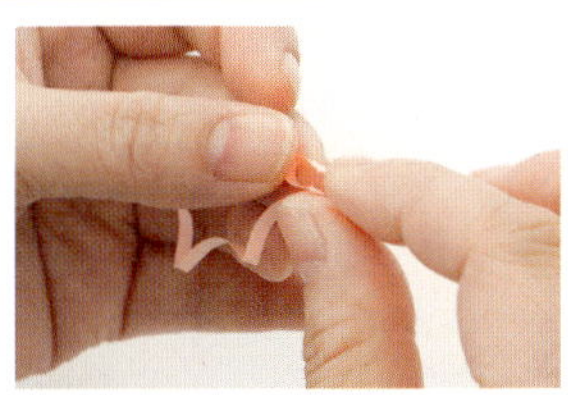

1. 종이를 4등분한 다음 이쑤시개를 대고 둥글게 구부린다.

2. 둥글게 구부린 상태.

3. 끝에 본드를 소량 바른다.

4. 접은 선에 맞춰 붙이면 고리 1개가 완성된다.

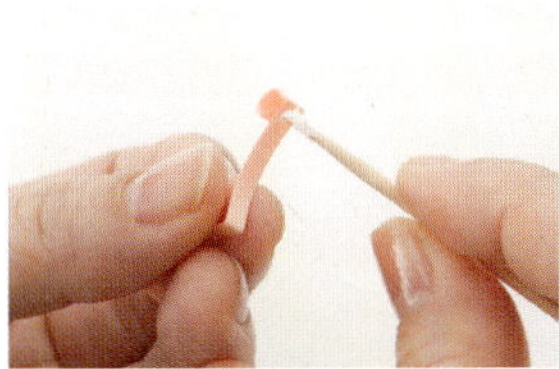  

5. 같은 방법으로 본드를 바르고 나머지 고리를 만든다.

6. 이쑤시개의 몸통을 이용해 둥글게 만들어준다.

7. 이웃한 고리 안쪽에 본드를 소량 발라 붙여준다.

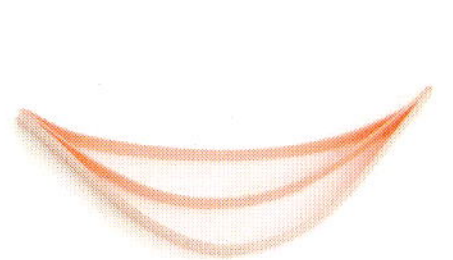

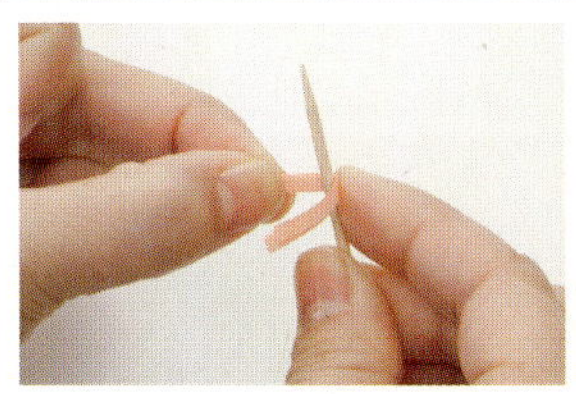
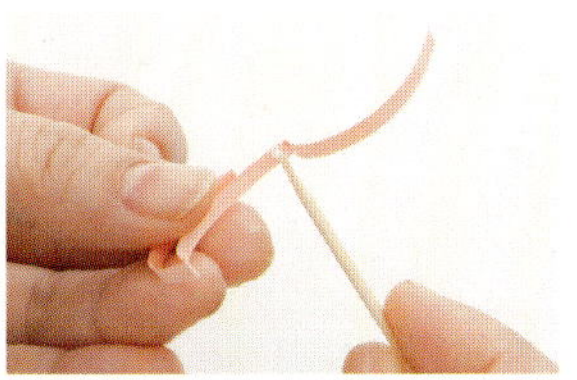

1. 종이를 3등분해서 접는다.

2. 하나로 접고 이쑤시개를 이용하여 둥글게 구부린다.

3. 접은 선 안쪽에 본드를 소량 바른다.

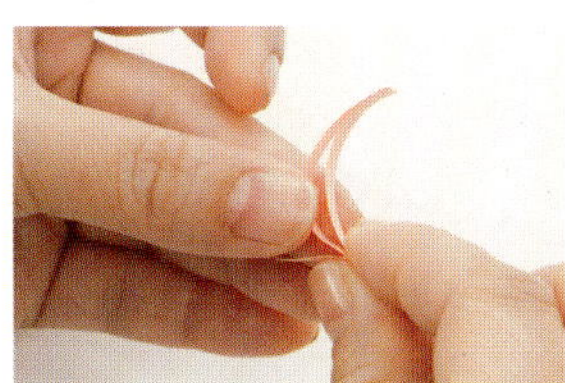
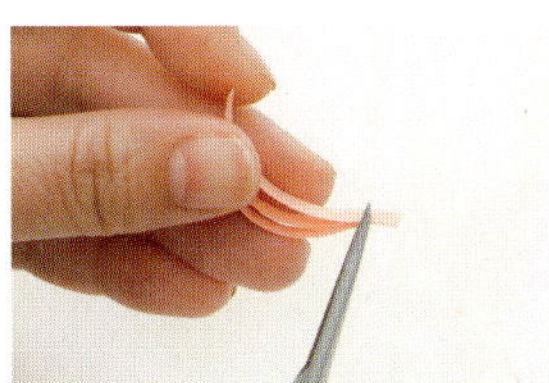

4. 눌러서 붙여준다. 끝은 살짝 어긋나게 붙인다.

5. 끝의 여분은 가위로 잘라낸다.

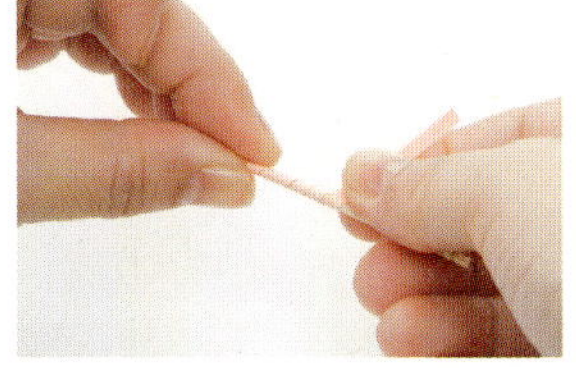
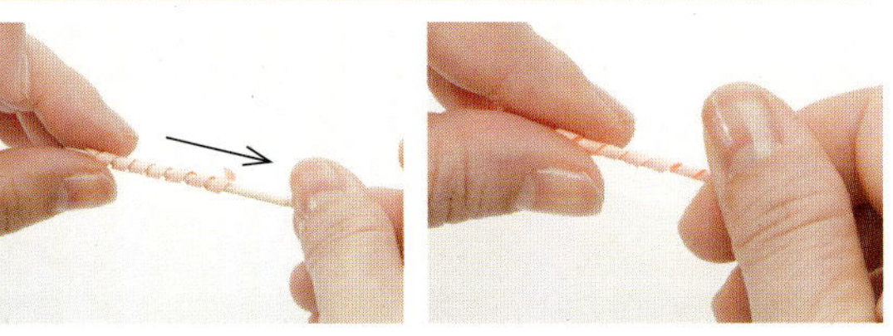

1. 꼬치(이쑤시개) 등에 종이를 촘촘히 감아준다.

2. 조심스럽게 꼬치를 뺀다.

3. 양 끝을 잡고 실을 꼬듯이 더 가늘게 꼬아준다.

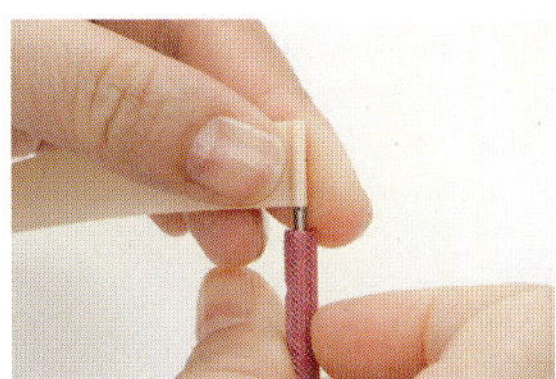
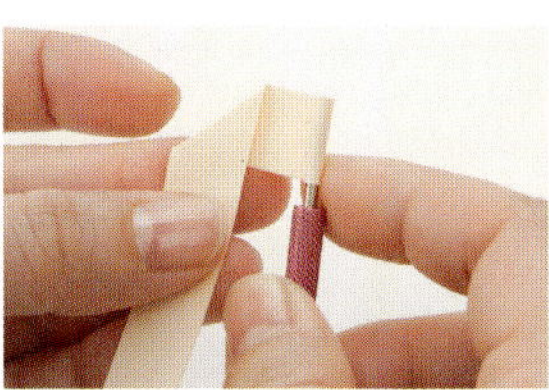

1. 폭이 넓은 띠지를 슬롯에 끼우고 2~3회 감는다.

2. 슬롯과 평행이 되도록 띠지를 잡고 앞쪽으로 직각이 되도록 접는다.

3. 2에서 접은 지점까지 슬롯을 돌려 감는다.

4. 슬롯에서 1cm 정도 간격을 두고 2와 똑같이 앞쪽으로 접는다.

5. 3~4를 반복한다. 끝은 삼각으로 잘라낸다.

6. 본드를 바른 뒤 슬롯을 빼고 붙인다.

7. 아래쪽이 살짝 튀어나오게끔 검지로 눌러 입체감을 준다.

칼집을 넣는 방법에 따라 다양한 형태가 됩니다(사진은 폭 13mm, 길이 35cm의 띠지).

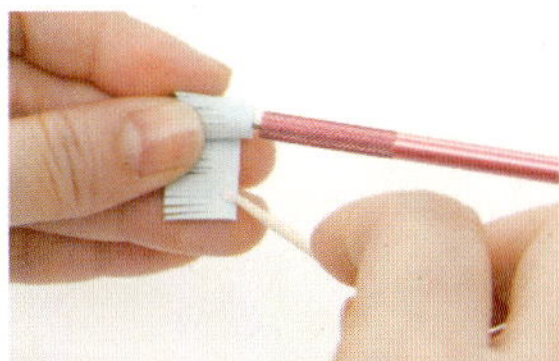

a

1. 폭이 넓은 띠지의 위쪽에 3mm를 남기고 같은 간격으로 칼집을 넣는다.

2. 칼집이 없는 쪽에 슬롯을 끼워 감고 끝에 본드를 발라 붙인다.

3. 조금씩 돌려가며 엄지로 칼집을 둥글게 펼쳐준다.

b

1. 핑킹가위를 가장자리에 대고 자른다.

2. 같은 간격으로 잘게 칼집을 넣는다. 다음은 꽃술a의 2로 이어진다.

c

종이의 올록볼록한 부분에 모두 칼집을 넣는다. 다음은 꽃술a의 2로 이어진다.

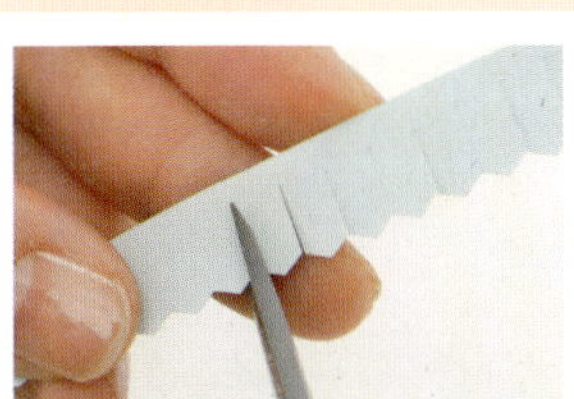

d

종이의 오목한 부분에만 칼집을 넣는다. 다음은 꽃술a의 2로 이어진다.

백합

1. 블로섬페이퍼를 2장 준비한다.

2. 꽃잎 중심을 이쑤시개로 그어 입체적으로 만든다.

3. 중앙에 본드를 바른다.

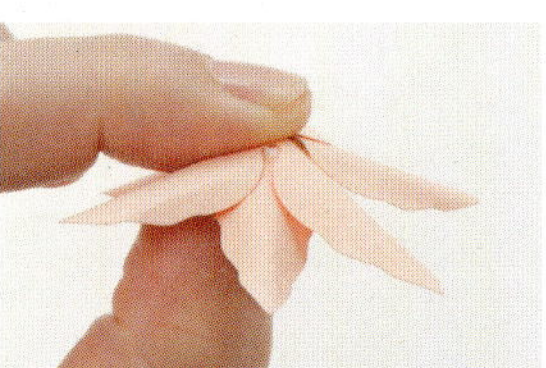

4. 꽃잎 2장을 엇갈리게 붙인다.

5. 꽃잎이 겹치는 부분에 본드를 바른다.

6. 이웃한 꽃잎끼리 겹치는 부분을 붙여준다.

Point 꽃술장식은 꽃술을 이어주는 종이실 부분을 잘라 사용합니다. 펄 비즈로도 대체할 수 있는데 펄 비즈는 구멍이 밑으로 가도록 붙여야 합니다.

7. 꽃잎 끝은 이쑤시개를 이용해 바깥쪽으로 둥글게 말아준다.

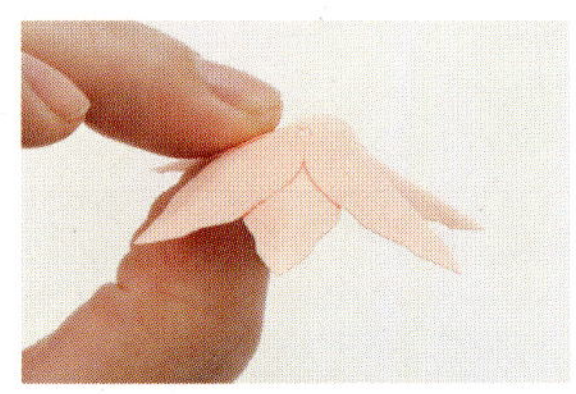

8. 다른 꽃잎도 똑같이 둥글게 말아준다.

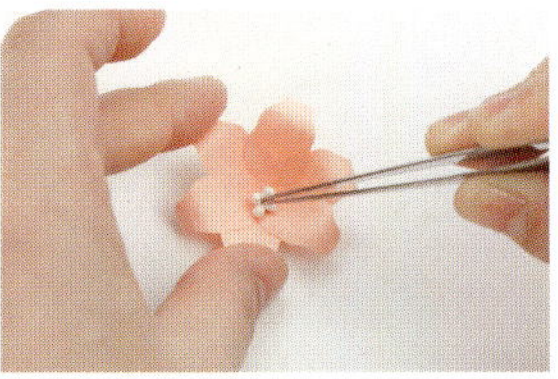

9. 중심에 본드를 바르고 핀셋으로 꽃술장식을 붙인다.

스파이럴 로즈

b

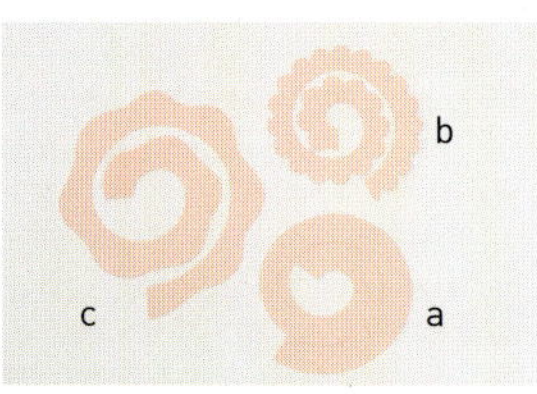

1. 스파이럴 로즈 형태의 블로섬페이퍼를 준비한다.

2. 종이를 사진처럼 들고, 슬롯을 밑에서 가운데로 넣고 종이를 끼운다.

3. 왼쪽으로 감는다. 아래쪽을 가지런히 맞추며 끝까지 감는다.

4. 슬롯을 빼고 종이를 살짝 펼쳐 끝에 본드를 바른다.

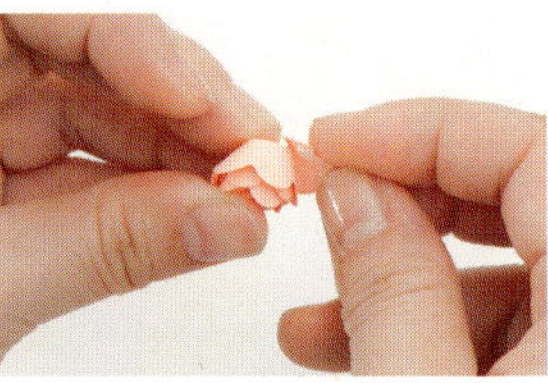

5. 종이를 측면에 붙인 뒤 모양을 다듬는다.

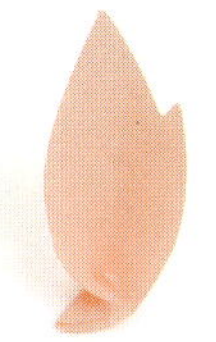
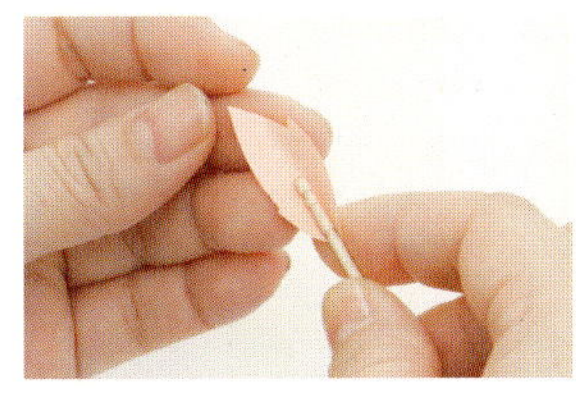
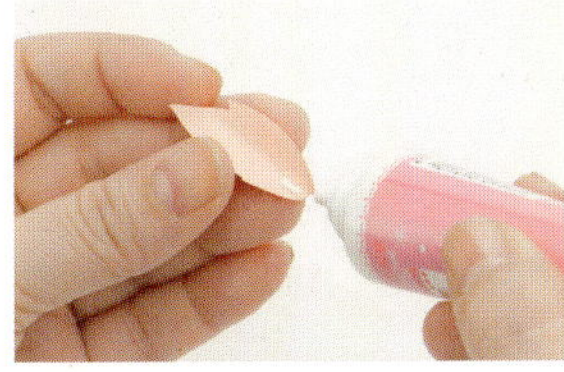
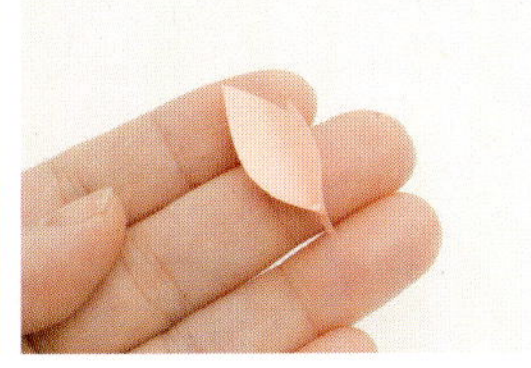

1. 잎 중앙을 이쑤시개로 그어 움푹하게 만든다.

2. 밑동 부분에 본드를 바른다.

3. 손끝으로 눌러 붙인다.

4. 포개진 부분을 접는다. 접힌 아랫면에 본드를 발라 카드 등에 붙인다.

컬플라워(c·e의 도안은 119쪽 참조.)

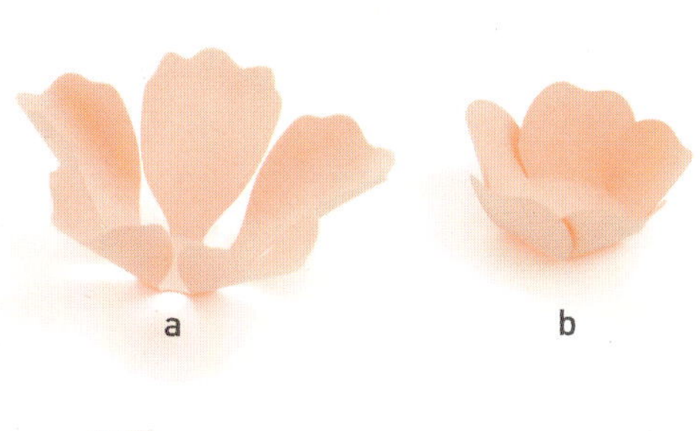

a

b

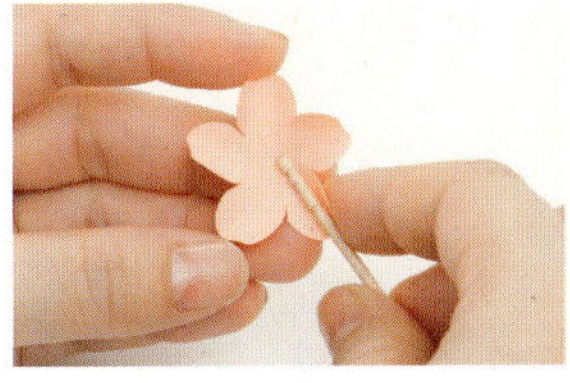
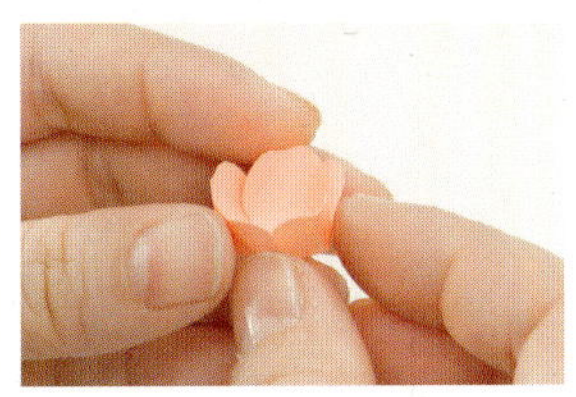

꽃잎을 둥그스름하게 만든 뒤 꽃잎을 세운다.

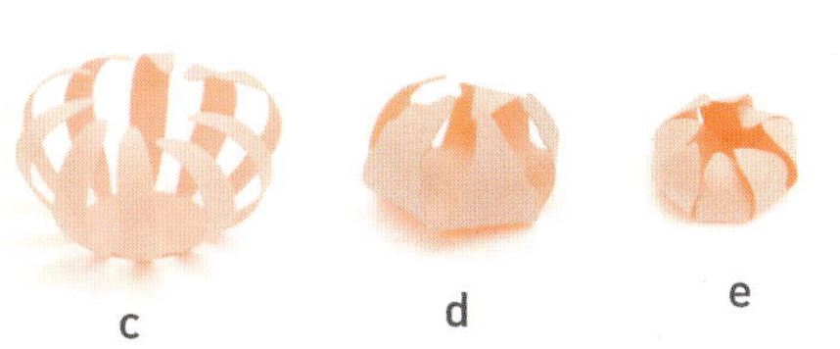

c

d

e

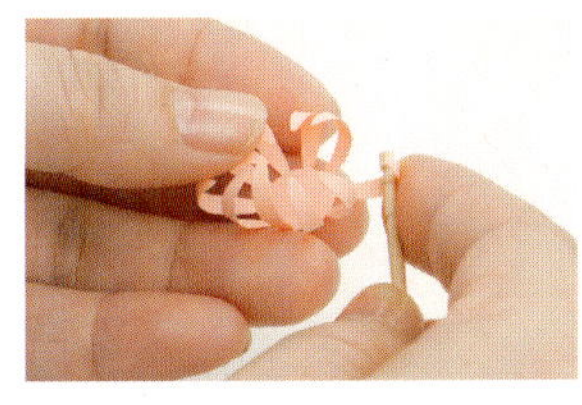
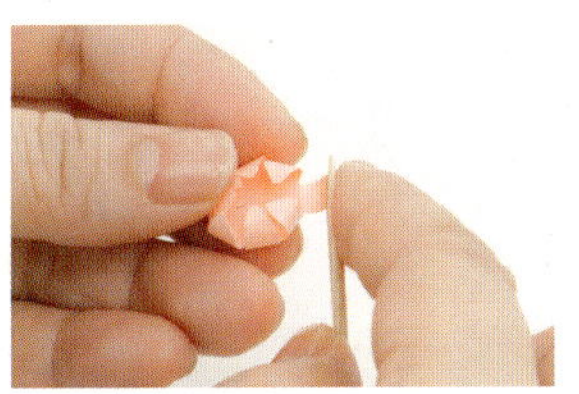
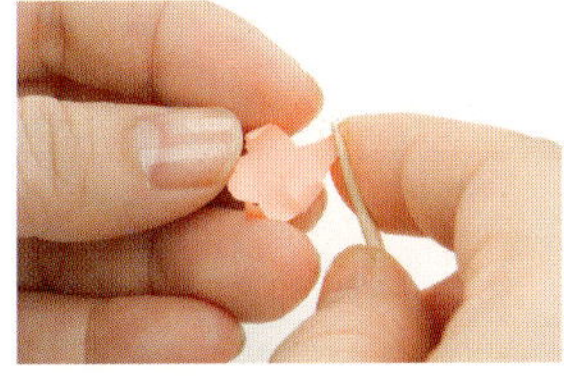

안쪽을 향해 둥글게 말아준다.

Point 컬플라워는 꽃잎을 어떻게 조합하느냐에 따라 다양한 모양을 만들 수 있습니다.

꽃술

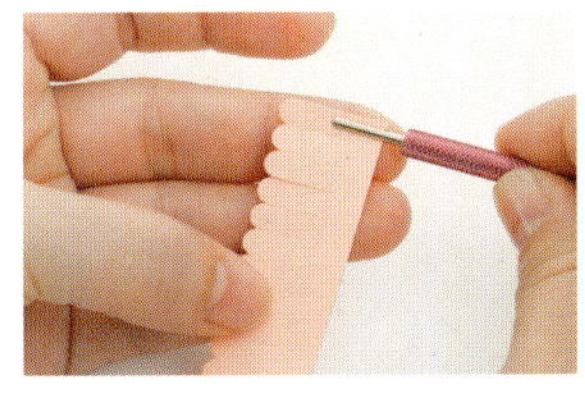
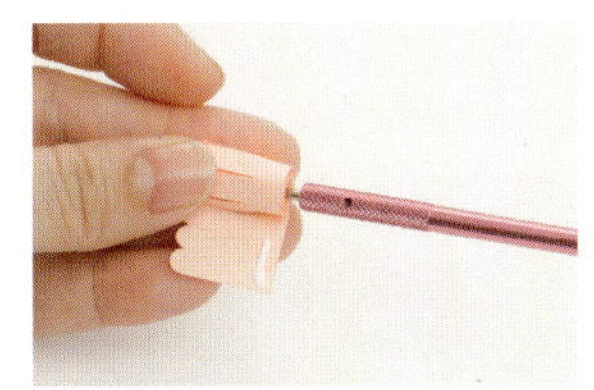

1. 칼집을 넣지 않은 쪽에 슬롯을 끼워 감는다.

2. 끝에 본드를 발라 고정한다.

3. 조금씩 돌려가며 엄지로 칼집을 둥글게 펼쳐준다.

본드를 얇고 고르게 바르면 더욱 깔끔하게 완성됩니다. 본드가 비어져 나왔을 때는 면봉 등으로 바로 닦아내세요.

컬플라워

뒷면에 본드를 꼼꼼히 바른다.

잎

소용돌이 부분에 본드를 바른다.

스파이럴 로즈

검지로 꽃의 중심을 눌러서 감기 시
작한 부분까지 본드를 잘 바른다.

조각끼리 붙이기

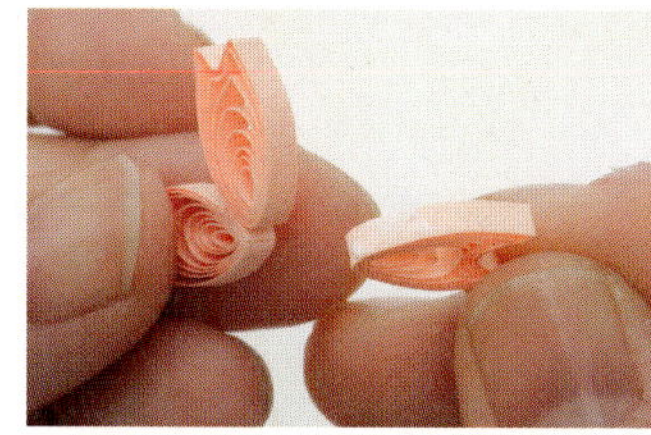 

꽃잎의 아래쪽 측면에 본드를 얇게 발라 맞붙인다.

측면 붙이기

꽃은 접착 면에 본드를 발라 엇갈리게 붙이고, 잎은 바탕지에 닿는 부분에만 본드를 발라 붙인다.

보석·비즈 붙이기

원하는 자리에 장식용 본드를 소량 바
르고 그 위에 얹듯이 붙인다.

바로 만들 수 있는

페이퍼퀼링 작품

아무리 나이를 먹어도 생일의 기쁨은 한결같습니다.
생일 카드는 물론 생일 파티에서 활약할 다양한 소품을 소개합니다.

⟨ 생일 파티 ⟩

생일 파티 가랜드 　견본

파티 분위기를 북돋아줄 대표적인 소품인 커다란 꽃 가랜드입니다.
연필로 감아 쉽게 만들 수 있기 때문에 페이퍼퀼링 초보자도 문제없어요.
만드는 법 73쪽

꽃 장식 선물을 포장할 때 액세서리로 활용하면 선물이 더욱 빛을 발한답니다.

왕관 모자

파티의 주인공을 돋보이게 해주는 왕관 모자입니다. 뒤에 달린 고무줄로 크기 조절이 가능해 아이부터 어른까지 다 쓸 수 있답니다.

만드는 법 76쪽

로젯 이름표

페일컬러의 로젯 모양 이름표로 따뜻한 분위기를 연출해보세요.
스탬프로 이름을 찍어주면 완성도가 더욱 높아집니다.

만드는 법 77~78쪽

5th
AOI

생일 케이크 액자 견본

입체감이 있는 화려한 케이크 장식. 작은 조각으로 생크림 장식을 표현해보세요.

만드는 법 74~75쪽

꽃다발 카드 `견본` 바로 만들 수 있는 색도안 71쪽

꽃다발이 한가득 담긴 카드입니다. 소중한 사람에게 마음을 전하고 싶을 때 만들어보세요.

만드는 법 68~69쪽

캔디꽃다발 견본

막대사탕으로 꽃을 만들고 꽃잎 치마를 입혀 화려한 꽃다발을 만들어볼까요?
파티 선물로 안성맞춤이랍니다.
만드는 법 81~82쪽

캔디플라워

캔디플라워는 한 송이도 멋스럽답니다. 가벼운 선물로 제격이에요.

선물 상자

밋밋한 상자라도 페이퍼퀼링으로 장식하면 근사하게 변신한답니다.
리본을 붙인 다음 꽃과 잎을 붙이면 완성!

만드는 법 79쪽

선물 포장 태그

갖가지 선물로 가득한 파티에서 은근히 돋보일 수 있는 포인트가 됩니다.
사랑스럽게 피어 있는 스파이럴 로즈가 참 매력적이죠?
만드는 법 80쪽

소중한 날, 마음을 담아 선물을 준비해볼까요?
페이퍼퀼링으로 장식한 특별한 선물이 아마 평생 기억에 남을 수 있을 거예요.

◈ 웨딩 ◈

웰컴보드 견본

결혼식에 오는 손님이 가장 먼저 보게 될 중요한 아이템을 환영의 마음을 담아 직접 만들어봅시다.
블로섬페이퍼로 간단하면서도 화려하게 만들 수 있답니다.

만드는 법 84~86쪽

축의금 봉투

기쁨을 나누는 마음이 그대로 담긴 축의금 봉투입니다.
퀼링 장식이 행복한 날의 기분을 표현한 것 같죠?
만드는 법 82~83쪽 🍃🍃🍃

결혼식 소품을 직접 만들어도 근사하겠지요? 느슨한 하트를 조합해 만든 행운의 네잎클로버가 포인트랍니다.
만드는 법 87쪽 🍃

만드는 법 88쪽

메뉴판·좌석표 견본

입체적인 페이퍼퀼링으로 피로연 테이블을 더욱 멋지게 꾸밀 수 있습니다.

아기 액자 견본

컬러풀한 풍선과 행운을 부르는 네잎클로버로 꾸민 액자입니다.
가운데 아기 사진을 넣으면 완성! 출산 선물로 정말 딱이죠?
만드는 법 89~90쪽

입학 축하 카드 견본

동물의 얼굴은 똑같은 조각으로 만들고 귀만 다르게 만들었어요.
귀 모양만 바꾸었을 뿐인데 귀여운 토끼와 곰, 생쥐가 탄생했답니다.
만드는 법 90~91쪽 🍃🍃

벚꽃 피는 계절의 추억이 담긴 사진을 담는 액자입니다. 이웃한 꽃잎끼리 각도를 맞춰서 꽃을 만드는 것이 포인트랍니다.

만드는 법 94쪽

벚꽃 카드
소소한 내용의 편지라도 때로는 특별한 카드에 담아보면 어떨까요?

감사합니다
photo

플라워 박스

뚜껑 가운데에 블로섬페이퍼로 만든 꽃을 꽃꽂이하듯 장식합니다.
부모님에게 감사하는 마음을 담아 만들어보세요.
만드는 법 96~97쪽 🌸🌸🌸

카네이션 카드 견본

평소에 어머니에게 표현하지 못했던 감사한 마음을 카네이션 카드에
담아 전해보세요. 꽃잎 밑에 반짝이는 보석을 더하면 완성!
만드는 법 95쪽

마가렛 카드 견본

'아버지, 늘 감사합니다'
꽃잎 한 장 한 장에 마음을 담아 만들어보세요.
만드는 법 98쪽

아버지를 위한 미니 카드

페이퍼퀼링으로 만든 안경과 콧수염, 넥타이까지, 재치 넘치는 카드입니다.
매일 바쁘게 일하시는 아버지에게 감사와 사랑을 전해보세요.
만드는 법 99쪽

⟨ 핼러윈 ⟩

잭 오 랜턴 종이가방 `견본`

아이들이 좋아하는 과자를
담을 수 있는 종이가방입니다.
'Trick or Treat'
눈·코·입 조각을 다양한 방법으로
붙여 표정의 변화를 즐겨보세요.

만드는 법 100쪽

핼러윈 포장 태그 견본
핼러윈데이에 친숙한 장식을 만들어보세요.
주황색 도화지를 핑킹가위로 잘라서 주름지게 접고
태그 뒷면에 붙이면 멋스럽게 변신!
만드는 법 100~101쪽

파티용 빨대 견본

53쪽의 핼러윈 포장 태그를 응용한 것으로, 뒷면에 파티에 참석한 사람들의 이름을 적으면
헷갈리지 않아 편리하고 세심한 것까지 신경 썼다는 인상을 줄 수 있어 좋답니다.
만드는 법 102쪽

크리스마스 파티 모자

파티 분위기를 더욱 북돋아주는 파티 모자예요.
다양한 컬러로 만들어 함께 쓰고 파티를 즐겨보세요!

만드는 법 102~103쪽

크리스마스 리스

꽃과 꽃 사이를 느슨한 하트로 채워 가지런한 형태의 리스를 만듭니다.
꽃 조각의 중심에는 비즈를, 표면에는 글리터를 칠해 반짝임을 더하면
그럴 듯한 크리스마스 리스로 변신!

만드는 법 104~105쪽

릴리프 컵받침

빨간색 · 초록색 종이로 조각을 만들어 컵받침에 활용해보세요.
샴페인 잔을 올려놓으면 크리스마스 분위기가 물씬 풍긴답니다.
만드는 법 105쪽

크리스마스트리 컵받침

트리 모양의 테두리 안에 작고 느슨한 스크롤을 채웁니다.
꼭대기에서 빛나는 별과 보석이 포인트입니다.
만드는 법 106쪽

포인세티아 가랜드 견본

크리스마스 컬러로 만든 차분한 느낌의 가랜드.
포인세티아 꽃잎은 이심형 잎을 3단으로 쌓아 만듭니다.
만드는 법 108~109쪽

루돌프와 산타의 크리스마스카드 견본

이심형 원을 변형해서 루돌프와 산타의 얼굴을 만들고,
2플리츠 스틱(15쪽 참고)을 연결해 루돌프의 뿔을 만들면 금세 크리스마스카드가 완성!
만드는 법 107쪽 🌰🌰

넓은 띠지를 이용해 만드는 세 종류의 근사한 장식품입니다.
라인스톤을 붙여 반짝임을 더하면 더욱 멋지게 완성!
만드는 법 110쪽

설 장식 리스

새해를 앞두고 설레는 마음을 담아
일본풍의 모던한 리스를 만들어보세요.
만드는 법 112~113쪽 🌿🌿

세뱃돈 봉투

길조로 여겨지는 소나무 · 대나무 · 매화의 기본 모양은
이심형 눈물방울(18쪽 참고)입니다. 접는 방법과 각도를 바꿔 변화를 주세요.
만드는 법 111쪽

젓가락 봉투

매화를 만드는 방법은 위의 세뱃돈 봉투에서와 같아요.
집에 손님을 초대했을 때 솜씨를 발휘해보세요.
만드는 법 114쪽

하트 박스 `견본`

하트 모양의 박스 가장자리를 꾸미고 퀼링 플라워를 곁들이면
예쁜 하트 박스가 완성! 밸런타인데이에 소중한 선물을 담아
사랑하는 사람에게 선물해보세요.

만드는 법 115쪽 🌶🌶🌶

미니 카드 견본

친구에게 어울릴 만한 색의 카드를 골라 초콜릿과 함께 선물해보세요.

만드는 법 116쪽

작은 하트를 만들고 박스에 매달면 밋밋한 종이가방이 멋지게 변신!
초보자도 쉽게 만들 수 있답니다.
만드는 법 117쪽

릴리프 하트 액세서리

평범한 선물 포장에 새빨간 하트가 더해져 참 근사하지요?
밸런타인데이, 혹은 생일이나 크리스마스 등 누군가에게 선물할 때 포인트로 활용해보세요.
만드는 법 118쪽 🍂🍂

- 각 조각을 만드는 방법이나 붙이는 방법은 14~28쪽을 참고하세요.
- 작품의 도안은 비율이 표시된 것 외에는 실물 크기입니다.
  감는 방법이나 길이에 따라 조각의 크기가 변하므로 70쪽의 실물 크기 스케일로 확인해가며 만드세요.
- 준비물에 따로 개수 표기가 없는 것은 전부 1장이나 1개입니다.
- 주로 사용하는 도구는 11~13쪽을 참고하세요. 만드는 방법을 소개하는 페이지에는 생략되어 있습니다.
- 도안에 따로 표기가 없는 숫자의 단위는 cm입니다.
- 이 책에서 사용하는 띠지는 긴 것은 35cm, 짧은 것은 17cm입니다.

꽃다발 카드 작품 35쪽 / 색도안(블로섬페이퍼) 71쪽 견본

준비물

재료
- 블로섬페이퍼 잎 (녹색) 3장, 백합 (자주색) 2장, 술 (흰색) 1장, 컬플라워d (흰색) 2장, 컬플라워a (새먼핑크 · 연한 새먼핑크) 각 1장, 스파이럴 로즈a (분홍색 · 하늘색) 각 1장, 컬플라워b (황금색 · 연분홍색) 각 1장, 스파이럴 로즈c (레몬옐로) 1장
- 띠지 (연두색 · 하늘색) 폭 3mm, 길이 17cm 각 1개

기타
- 꽃술 장식(흰색) 2개
- 펄 비즈(흰색 3mm) 3개
- 카드(20×15cm)
- 포장용 바탕지(11×8.5×8.5cm)

※ 71쪽의 블로섬페이퍼가 아닌 다른 종이로 만들 경우 119쪽의 도안을 복사해 사용하세요.

준비

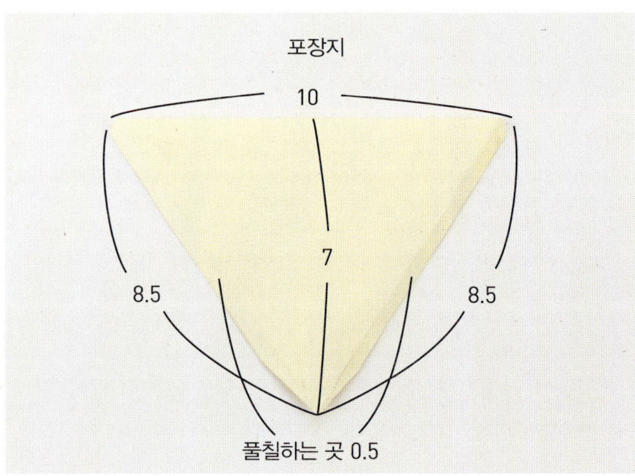

1. 카드와 포장지가 될 종이를 준비한다.

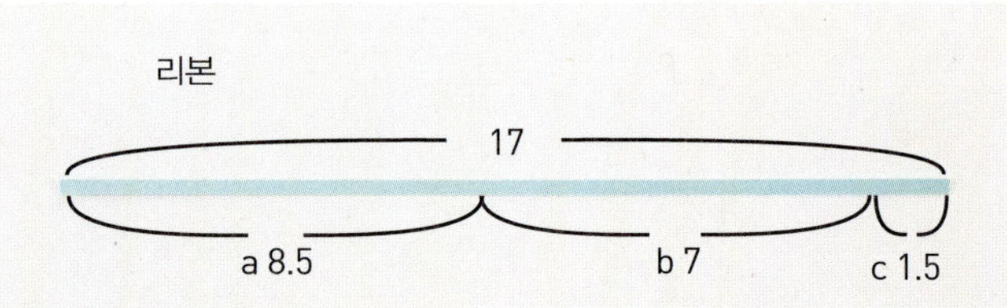

2. 71쪽의 색도안(블로섬페이퍼)을 자르고 술에 칼집을 넣는다.

조각 만들기

3. 백합 중앙에 꽃술 장식, 컬플라워a에 펄 비즈를 붙인다. 오른쪽 상단의 조각은 느슨한 잎 (길이 12mm) 같은 방향으로 스크롤을 조합해 만든다.

4. 리본은 17cm 띠지를 반으로 접고, 나머지 절반에서 매듭용으로 1.5cm를 잘라낸다.

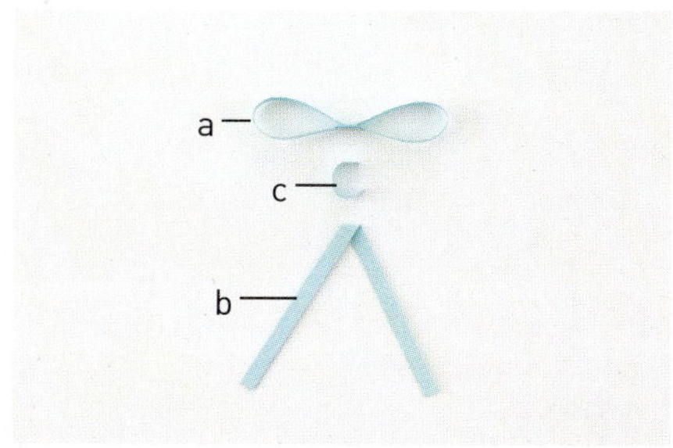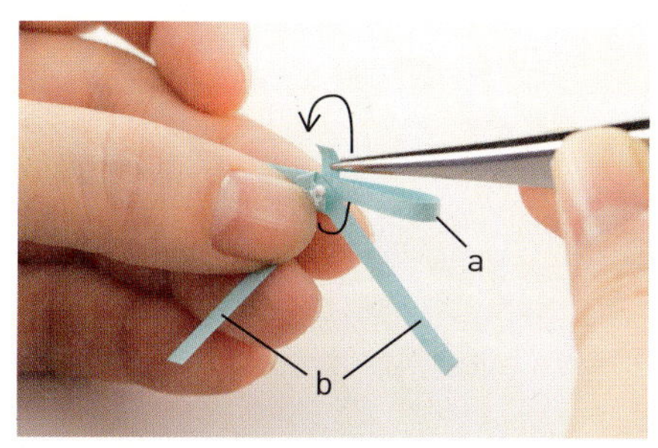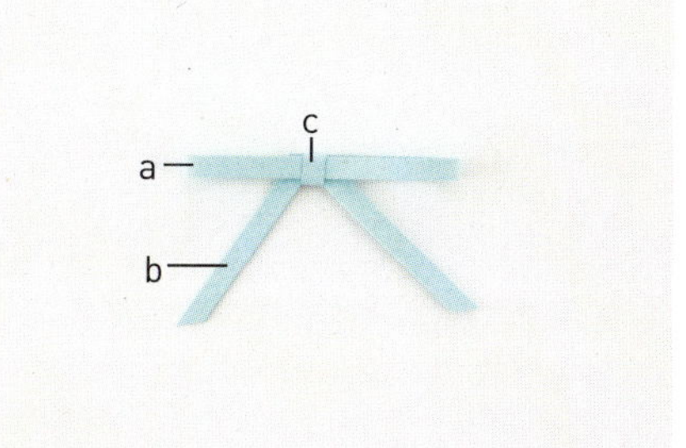

5. 8.5cm의 a는 원을 만들어 가운데를 붙이고 7cm의 b는 반으로 접는다. c는 매듭으로 둥글게 말아준다.

6. b에 본드를 소량 발라 a에 붙인 뒤 c를 감싸서 뒤쪽에서 붙인다.

7. 리본 완성!

8. 포장지의 한쪽 풀칠 면에 본드를 바르고 카드에 붙인다.

9. 본드가 마르면 나머지 풀칠 면에도 본드를 바르고, 높이 1.5cm 정도의 공간을 띄우고 카드에 붙인다.

10. 각 조각을 붙이기 전에 임시로 배치해 레이아웃을 확인한 다음 맨 아래부터 붙인다. 스파이럴 로즈는 포장지에 살짝 가리도록 붙인다.

11. 꽃을 모두 붙인 상태에서 잎과 리본을 붙이면 완성!

실물 크기 스케일

작품을 완성했을 때 크기가 일정하면 더욱 깔끔합니다. 스케일에 맞춰서 사이즈대로 조각을 만들어보세요.

플라워 스케일

꽃잎을 가운데로 모아 꽃을 만들 때 가이드로 사용합니다.

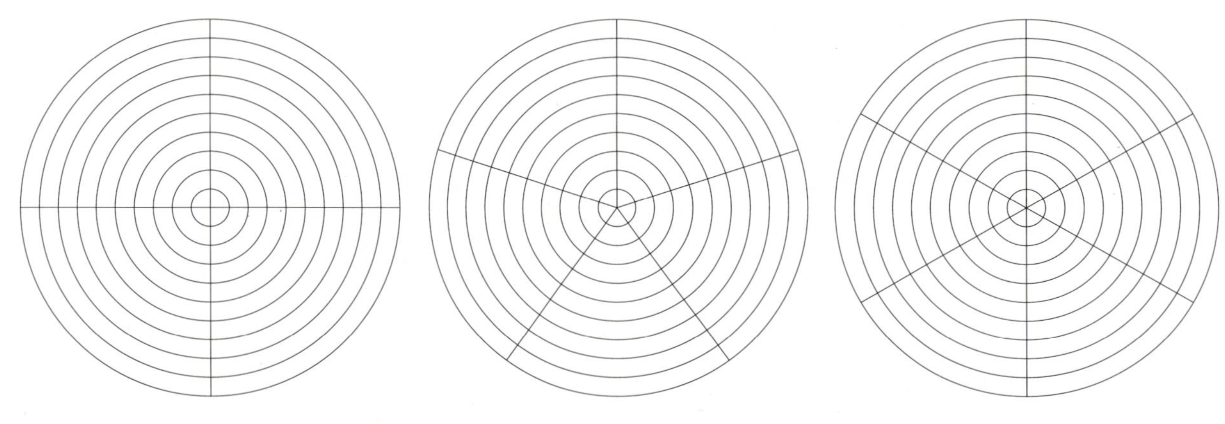

잎
술
컬플라워d
백합
스파이럴 로즈a
스파이럴 로즈a
컬플라워b
컬플라워a
컬플라워b
스파이럴 로즈c
컬플라워a
리본
같은 방향 스크롤·느슨한 잎

생일 파티 가랜드 작품 30쪽 견본

준비물

재료
- B4 도화지 (노란색 · 주황색 · 분홍색 · 파란색 · 연두색) 각 1장
  ※폭 2cm, 길이 36.4cm로 연두색은 8장, 나머지는 10장씩 자른다.
- 둥근 연필(또는 둥근 대바늘)
- 폼폼이(직경 약 1.5cm, 원하는 색상) 8개

기타
- 약간 두꺼운 A4 도화지 (흰색) 3장
- 도화지 또는 색종이 (하늘색) 1장
- 새틴리본(폭 6mm) 적당량
- 철사 적당량
- 원형 펀치
- 크래프트 펀치(하트)

조각 만들기

A 이심형 다섯잎꽃
2cm 폭으로 자른 도화지를 둥근 연필로 감는다. 처음 감은
조각에 본드를 발라 이심형 원을 만들고 계속해서 감는다.
직경 3.5cm의 이심형 원 → 이심형 눈물방울을 5개 만든다.
이심형 눈물방울의 뾰족한 부분을 가운데로 모아 꽃잎을
만든다.

B 잎
2cm 폭으로 자른 연두색 도화지를 둥근 연필로 감는다.
직경 3cm의 느슨한 원 → 느슨한 잎을 만든다. 측면에
본드를 바르고 **A**의 꽃잎 사이에 잎을 붙인다. 폼폼이를
붙인다.

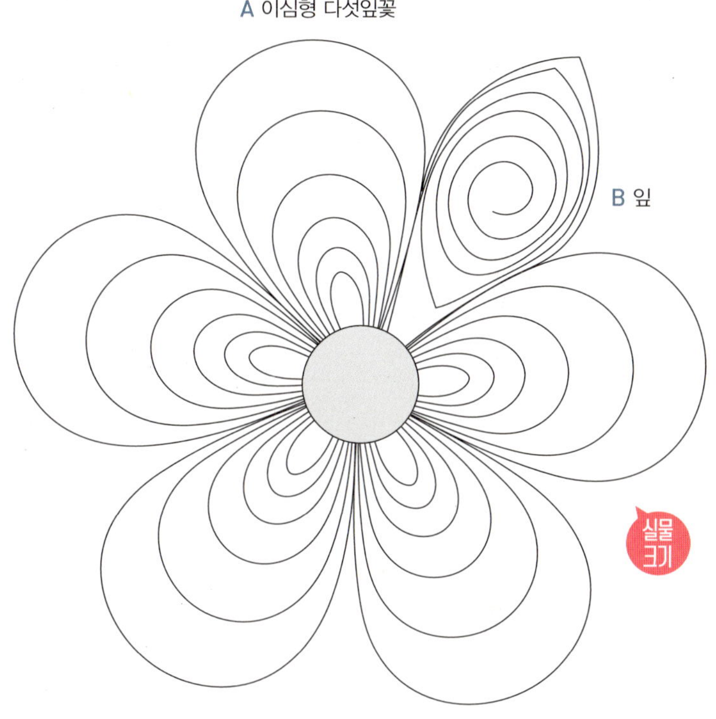

마무리

1. 가랜드 문구는 견본을 다운로드하여 A4 크기의 흰색 종이에
   인쇄한 뒤 자른다.
2. 원형 펀치로 리본끈을 끼울 구멍을 2개 뚫고 크래프트
   펀치로 하늘색 도화지를 눌러 하트 13개를 만들어
   가랜드에 붙인다.
3. 완성된 꽃에 철사를 끼워 리본끈에 달아준다.

생일 케이크 액자 작품 34쪽 견본

재료
- 블로섬페이퍼 스파이럴 로즈a (분홍색) 2장(또는 도화지에 119쪽의 도안을 복사해 사용한다.)
- 띠지 폭 10mm, 길이 35cm (진분홍색) 2개, (레몬옐로) 1개
- 띠지 폭 3mm, 길이 35cm (흰색) 7개, (분홍색 · 진분홍색 · 보라색 · 연보라색) 각 2개, (빨간색) 1개
- 띠지 폭 3mm, 길이 17cm (빨간색 · 노란색 · 연두색) 각 1개
- 보석(크리스털 3mm) 6개
- 반원 펄 비즈 (흰색 3mm) 16개
- 반원 펄 비즈 (빨간색 3mm) 6개
- 케이크 종이(흰색 도화지 상단 4×8.5cm, 하단 4.5×12cm)
- 문구 인쇄용지(견본을 다운받아 인쇄한다.)

기타
- 프레임(18×13cm)
- 바탕지(판지에 포장지를 붙인 것 18×13cm)

생크림

A 흰색 띠지를 4cm로 12개 잘라 S스크롤을 12개 만든다.

B 흰색 띠지를 4cm로 2개 잘라 C스크롤을 2개 만든다.

C 흰색 띠지를 8.5cm로 2개 잘라 V스크롤을 2개 만든다.

D 흰색 띠지를 8.5cm로 4개 잘라 인사이드 스크롤을 4개 만든다.

E 흰색 띠지를 8.5cm로 4개 잘라 직경 8mm의
  느슨한 원 → 느슨한 잎을 4개 만든다.

F 흰색 띠지를 8.5cm로 2개 잘라 4플리츠를 2개 만든다.

G 흰색 띠지를 4cm로 2개 잘라 느슨한 하트를 2개 만든다.

H 하트(중) : 보라색과 연보라색 띠지를 12cm로 2개씩 잘라 직경
  8mm의 느슨한 원 → 느슨한 눈물방울을 2개씩 만들어 맞붙인다.

I 하트(소) : 진분홍색과 분홍색 띠지를 8.5cm로 2개씩 잘라 직경
  6mm의 느슨한 원 → 느슨한 눈물방울을 2개씩 만들어 맞붙인다.

J 느슨한 여섯잎꽃(중) : 진분홍색과 분홍색 띠지를 17cm로 3개씩
  잘라 직경 10mm의 느슨한 원 → 느슨한 눈물방울을 3개씩 만든다.

K 느슨한 여섯잎꽃(소) : 보라색과 연보라색 띠지를 8.5cm로 3개씩
  잘라 직경 7mm의 느슨한 원 → 느슨한 눈물방울을 3개씩 만든다.

Point 느슨한 여섯잎꽃은 다른 색상의 느슨한 눈물방울 2개로 하트를 3쌍 만든 뒤 서로 붙여서 만듭니다.

캔들

L 흰색 띠지를 8.5cm로 4개 자른 뒤 이쑤시개로 감아 스파이럴을
  4개 만든다.

M 빨간색과 노란색 띠지를 8.5cm로 2개씩 잘라 직경 6mm의
  느슨한 원 → 느슨한 눈물방울을 2개씩 만든다.

리본

N 진분홍색의 띠지를 12cm, 9cm로 2개, 5cm로 1개 자른다.
  12cm와 9cm 띠지는 각각 원이 되도록 붙인 다음 포개고,
  5cm 띠지는 세로로 반을 잘라 폭이 5mm인 매듭을 만든다.

O 9cm의 진분홍색 띠지를 반으로 잘라 매듭 뒤쪽에 八자로 붙인다.

스파이럴 로즈a

P 블로섬페이퍼를 감아 2개 만든다.

꽃술

Q 레몬옐로 띠지를 8.5cm로 2개 자른다. 아래쪽에 2mm를 남기고
  1mm 간격으로 칼집을 넣어 꽃술을 2개 만든다.

느슨한 잎

R 연두색 띠지를 8.5cm로 2개 잘라 직경 6mm의
  느슨한 원 → 느슨한 잎을 2개 만든다.

1. 상·하단 케이크의 중심에 여섯잎꽃을 붙인다.

2. 각 조각을 균일한 간격으로 붙인다.

3. 하단 케이크 종이의 양 옆에 본드를 바르고 바탕지에 아치 형태로 입체적으로 붙인다.

4. 하단 가운데에 상단을 5mm 정도 끼워 넣고 3과 마찬가지로 입체적으로 붙인다.

5. 상단 위에 캔들을 붙인다.

6. 타이틀 문구를 붙이고 문구 양쪽에 꽃과 잎을 붙인다.

7. 캔들 정중앙에 리본을 붙인다.

왕관 모자 작품 32쪽 견본

준비물

재료
- 띠지 폭 5mm, 길이 35cm (노란색) 6개, (하늘색 · 주황색 · 새먼핑크) 각 4개

기타
- A4 도화지 (크림색 · 하늘색) 각 1장
- 직경 약 1.5cm의 폼폼이 (흰색) 4개, (하늘색) 3개
- 링 고무 2개
- 바탕용 도화지 (흰색) 1장

조각 만들기

A 노란색 · 주황색 · 새먼핑크 띠지로 직경 2cm의 느슨한 원 → 길이 2.5cm의 느슨한 눈물방울을 색깔별로 4개씩, 총 12개 만든다.

※ 슬롯 대신 꼬치를 사용해도 된다. 직경 6cm의 원형으로 자른 바탕지에 느슨한 눈물방울의 뾰족한 부분을 가리고 반원이 튀어나오도록 붙인다.

Point 원형 바탕지에서 느슨한 눈물방물이 균일하게 튀어나와 보이도록 붙인다.

B 하늘색 띠지를 17cm로 잘라 인사이드 스크롤을 8개 만든다.
C 노란색 띠지를 17cm로 잘라 직경 7mm의 촘촘한 원을 4개 만든다.

붙이는 방법

1. **A**는 모자 중앙에 붙인다.
2. 모자의 낮은 산 아래쪽에 **B**를 서로 마주보게끔 붙인다.
3. **C**는 **2** 위에 붙인다.

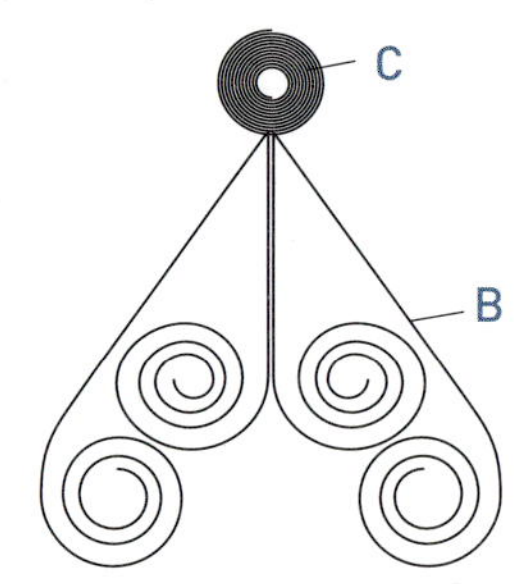

모자 만드는 방법

1. 견본을 다운로드하여 도화지에 인쇄한 뒤 자른다. 하늘색 도화지 위에 크림색 도화지를 포개어 붙인다.
2. 뒤쪽에 사이즈 조절용 링 고무를 달아준다. 다는 위치는 사이즈에 맞게 변경한다.
3. 글루건이나 본드로 폼폼이를 붙인다.

앞

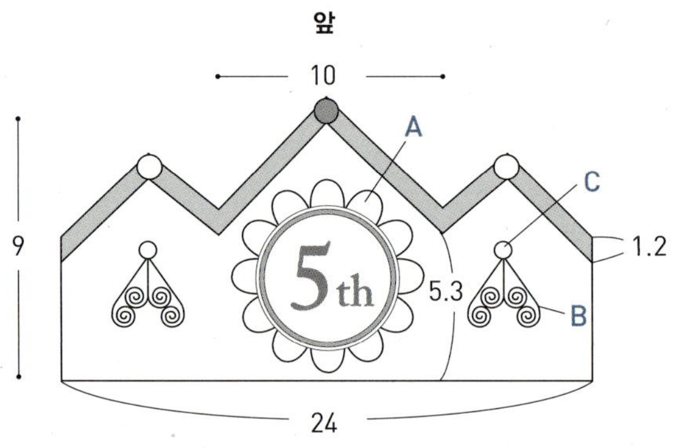

뒤

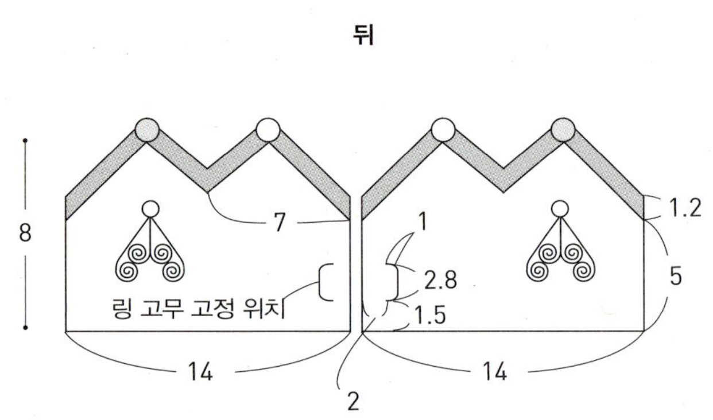

로젯 이름표 작품 32쪽

재료   RYO · 띠지 폭 10mm, 길이 35cm (주황색 · 파란색) 각 1개 · 도화지 (크림색) 20×11cm 1장
RIN · 띠지 폭 10mm, 길이 35cm (파란색 · 노란색) 각 1개 · 도화지 (분홍색) 20×11cm 1장
JIN · 띠지 폭 10mm, 길이 35cm (노란색 · 진분홍색) 각 1개 · 도화지 (페일그린) 20×11cm 1장

공통   • 띠지 폭 10mm, 길이 35cm (흰색) 1개
• 띠지 폭 3mm, 길이 17cm (연두색) 3개
• 도화지 (녹색) 2×2cm 1장
• 두꺼운 도화지 (흰색) 6.5×6.5cm 1장

기타   • 철사 적당량
• 스탬프
• 옷핀
• 글루건

조각 만들기

A 클로버(공통)
연두색 띠지를 8.5cm로 4개 잘라 직경 7mm의
느슨한 원 → 느슨한 눈물방울을 4개 만든다. 연두색
띠지를 4cm로 잘라 느슨한 스크롤을 만든다.

B 폴딩 로즈(RYO)
주황색과 파란색 띠지를 17cm로 자르고, 완성했을 때 직경이
약 15mm인 폴딩 로즈를 1개씩 만든다.

C 꽃술(공통)
흰색 띠지를 17cm로 자른 뒤 한쪽 끝을 핑킹가위로 자른다.
아래쪽에 2mm를 남기고 1mm 간격으로 칼집을 넣어 꽃술을 만든다.

D 잎(공통)
도화지를 잎 모양의 펀치로 뚫는다.

붙이는 방법

그림과 같이 조각을 배열하고 중앙의 폴딩 로즈부터 붙인다.

1. 20×9cm로 자른 도화지를 1cm의 간격으로 주름지게 접은 뒤 가운데를 철사로 고정하고 리본 모양으로 펴준다.

2. 겹치는 부분을 사선으로 잘라낸 다음 본드를 발라 반대쪽과 붙인다.

3. 18×2cm로 자른 도화지를 반으로 접은 뒤 로젯 뒷면에 붙이고 끝은 사선으로 잘라 리본을 만든다. 두꺼운 도화지를 둥글게 잘라 로젯 중앙에 붙인다.

 **Point** 스탬프로 이름을 찍어주면 더욱 근사합니다.
글루건 등을 이용해 로젯 뒷면에 옷핀을 달아보세요.

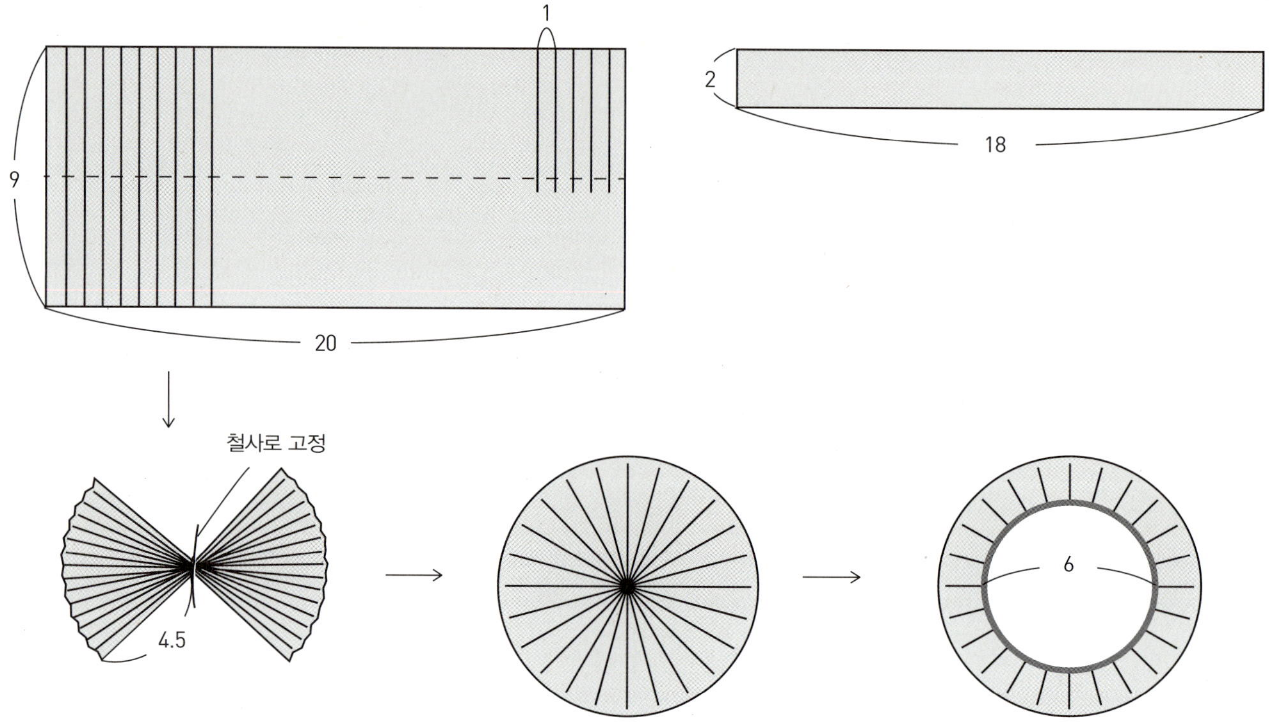

선물 상자 작품 38쪽

재료
- 띠지 폭 10mm, 길이 35cm (새먼핑크) 4개, (흰색 · 연노란색 · 하늘색 · 자주색) 각 1개
- 띠지 폭 3mm, 길이 17cm (연두색) 4개, (녹색) 2개, (노란색) 1개

기타
- 선물 상자(10×13×6cm)

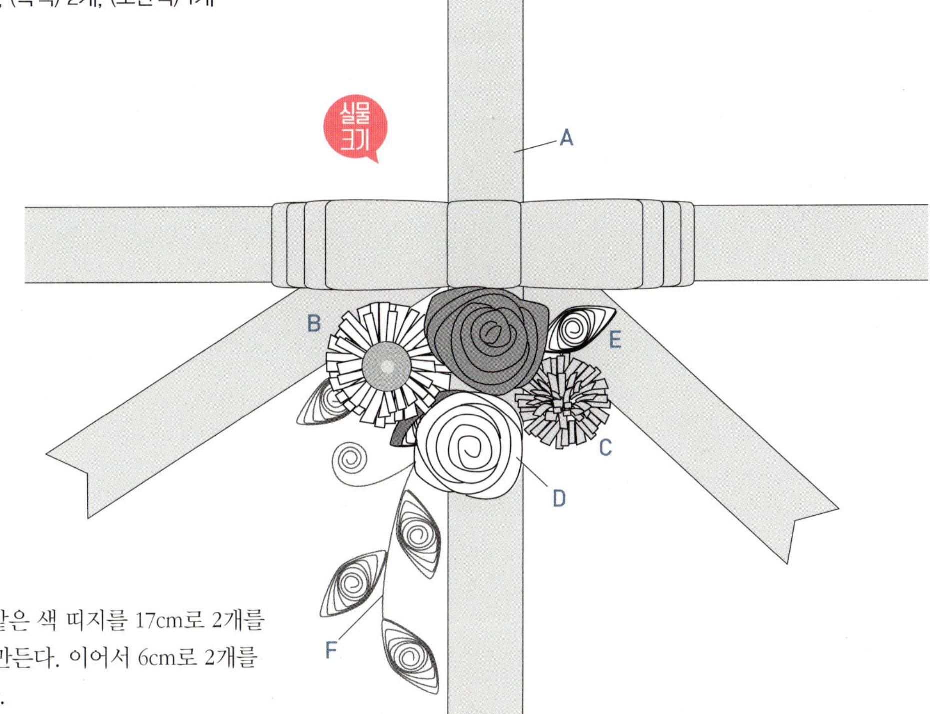

조각 만들기

A 리본
상자에 새먼핑크 띠지를 십자 모양으로 붙인다. 같은 색 띠지를 17cm로 2개를 잘라 4플리츠 2개를 만들고, 3cm로 잘라 매듭을 만든다. 이어서 6cm로 2개를 잘라 각각 한쪽 끝을 V자로 자르고 리본에 붙인다.

B 데이지
노란색 띠지를 12cm로 잘라 촘촘한 원을 만든다. 폭 10mm의 흰색 띠지를 17cm로 잘라 칼집을 넣은 뒤 촘촘한 원에 휘감아 꽃술c를 만든다.

C 꽃술
연노란색의 띠지를 17cm로 잘라 꽃술a를 만든다.

D 폴딩 로즈
자주색과 하늘색 띠지를 17cm로 잘라 폴딩 로즈를 1개씩 만든다.

E 잎
녹색 띠지를 10cm로 2개 잘라 직경 8mm의 느슨한 원 → 느슨한 잎을 2개 만든다.

F 줄기 · 덩굴 달린 잎
연두색 띠지를 5cm로 2개, 10cm로 4개 자른다. 5cm 1개로 줄기를 만들고, 나머지 1개는 느슨한 스크롤을 만들어 줄기에 붙인다. 10cm 띠지 4개로 직경 8mm의 느슨한 원 → 느슨한 잎을 4개 만들고 그중 3개는 줄기에 붙인다. 나머지 1개는 **B**의 데이지에 붙인다.

붙이는 방법

그림과 같이 배열한 다음 폴딩 로즈 → 데이지 → 꽃술 → 잎 · 줄기 순으로 붙인다.

 **Point** 중앙의 장미부터 붙이고 나머지 꽃은 장미와 틈이 벌어지지 않도록 가까이 붙입니다.

선물 포장 태그 작품 39쪽

재료
- 블로섬페이퍼 스파이럴 로즈a (진분홍색 · 노란색) 각 1장(또는 도화지에 119쪽의 도안을 복사해 사용한다.)
- 띠지 폭 3mm, 길이 17cm (연한 연두색) 2개

기타
- 태그(6×10cm)
- 스탬프

A 스파이럴 로즈a
블로섬페이퍼로 진분홍색과 노란색을 1개씩 만든다.

B 느슨한 잎
연두색 띠지로 직경 10mm의 느슨한 원 → 느슨한 잎을 2개 만든다.

스파이럴 로즈a를 붙인 다음 양옆으로 느슨한 잎을 붙인다.

캔디꽃다발 작품 36쪽 견본

재료
- 띠지 폭 3mm, 길이 17cm ※ 꽃①과 꽃② 모두 원하는 색으로 여러 개, 잎 (녹색) 1개
- 막대사탕
- 포장지(또는 팬시지, 도화지 등)
- 얇은 종이(왁스지 또는 색종이)
- 플로라테이프(마스킹테이프)

기타
- 칼

조각 만들기

꽃①

A 포장지 등에 실물 크기의 도안을 복사해 2장 자른다. 종이가 얇을 경우 도화지 등을 덧댄다.
B 원하는 색상의 띠지 5개로 직경 12mm의 느슨한 원 → 느슨한 잎을 5개 만든다. A의 꽃잎 위쪽에서 1cm 밑에 붙인다.

꽃②

A 포장지 등에 실물 크기의 도안을 복사해 2장 자른다. 종이가 얇을 경우 도화지 등을 덧댄다.
C 원하는 색상의 띠지를 8.5cm씩 10개 잘라 느슨한 하트를 5개 만든다.
D 촘촘한 원을 5개 만들어 D 밑에 붙인다. 이 조각을 꽃잎 위쪽에서 1cm 밑에 붙인다.

잎

E 띠지를 8.5cm로 잘라 인사이드 스크롤을 만든 뒤 잎 모양의 도화지에 붙인다.

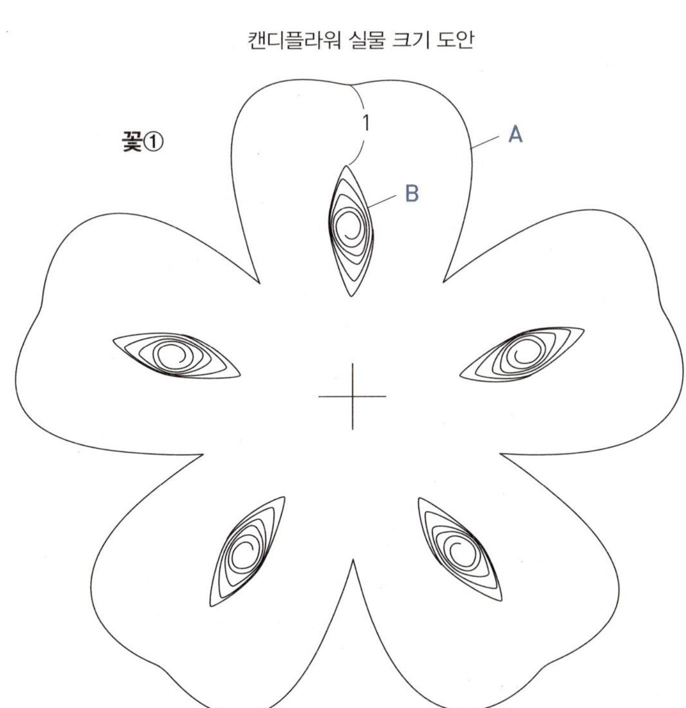

캔디플라워 실물 크기 도안

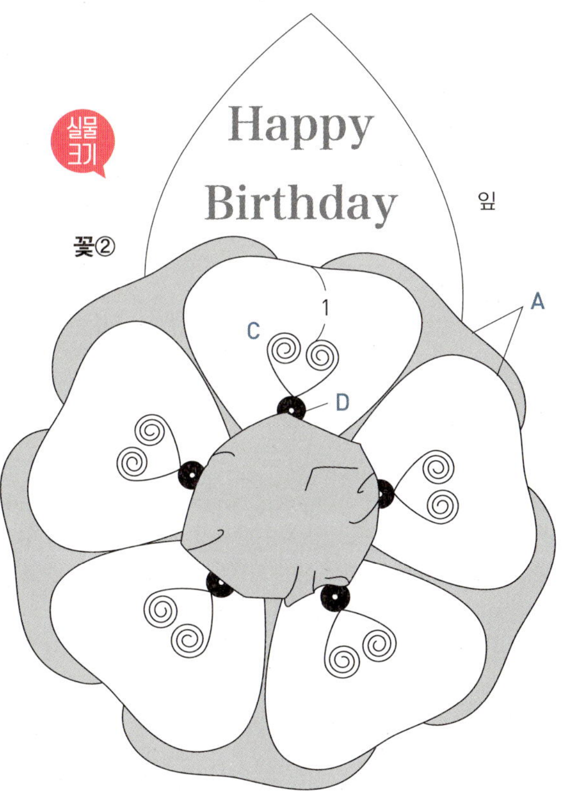

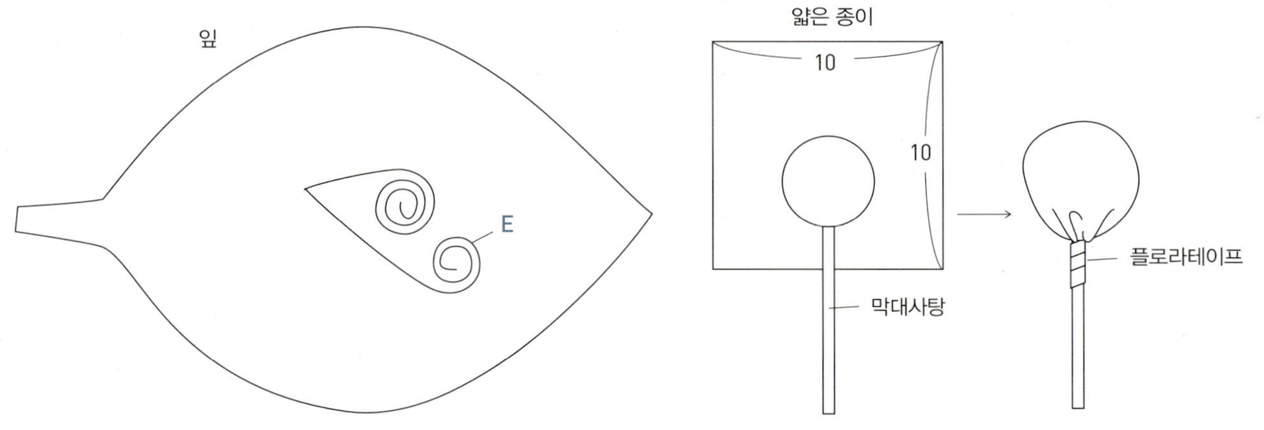

1. 꽃① · ② 모두 꽃잎이 서로 겹치지 않게 2장을 포갠다.

2. 10×10cm로 자른 얇은 종이로 막대사탕을 싼 다음 플로라테이프로 감는다.

3. 2장을 포갠 꽃잎 중앙에 칼로 칼집을 넣고 2의 막대사탕을 끼운다. 막대에 잎을 대고 플로라테이프로 감아 고정한다.

축의금 봉투 작품 41쪽 🌢🌢🌢 견본

재료
- 띠지 폭 3mm, 길이 35cm (주황색) 9개, (자주색) 2개
- 띠지 폭 3mm, 길이 17cm (진분홍색 · 연한 연두색) 각 6개, (크림색 · 연한 새먼핑크) 각 5개, (분홍색) 3개
- 보석 (노란색 · 분홍색 3mm) 각 6개
- 반원 펄 비즈 (분홍색 · 연자주색 3mm) 각 4개, (노란색) 1개
- 반원 펄 비즈 (흰색 5mm) 1개

기타
- 화지(40×25cm)
- 봉투
- 레이스(폭 10mm, 길이 25cm)
- 띠(폭 2cm, 길이 22cm)

A 2단 이심형 여섯잎꽃
(하단) 주황색 띠지를 25cm로 6개 자르고, 직경 15mm의 이심형 원 → 이심형 눈물방울을 6개 만든다.

(상단) 주황색 띠지를 17cm로 6개 자르고, 직경 12mm의 이심형 원 → 이심형 눈물방울을 6개 만든다. 상단과 하단을 붙인다.

B 이심형 여섯잎꽃
진분홍색 띠지로 직경 12mm의 이심형 원 → 이심형 눈물방울을 6개 만든다.

※ A, B 모두 여섯잎꽃용 플라워 스케일(70쪽 참조) 위에 이심형 눈물방울의 둥근 부분을 가운데로 모아 나열한 뒤 조각 측면에 본드를 발라 붙인다. 보석을 붙인다.

C 국화(대)
자주색 띠지를 11cm로 5개 잘라 4플리츠를 5개 만든다. 4플리츠의 양옆에 본드를 바르고 하나로 모아서 붙인다.

D 국화(중)

분홍색 띠지를 8.5cm로 잘라 4플리츠를 5개 만든다. 4플리츠의 양옆에 본드를 바르고 하나로 모아서 붙인다.

※ 국화(대 · 중)는 모두 중심에 반원 펄 비즈를 붙인다.

E 홀플라워(대)

연한 새먼핑크 띠지를 직경 5mm의 막대에 감아 센터홀을 5개 만든 뒤 센터홀 눈물방울로 만든다. 측면에 본드를 바르고 하나로 모아 붙인다.

F 홀플라워(중)

크림색 띠지를 12cm로 잘라 직경 3mm의 막대에 감아 센터홀을 5개 만든 뒤 센터홀 눈물방울로 만든다. 측면에 본드를 바르고 하나로 모아 붙인다.

※ 홀플라워(대 · 중) 모두 중심에 반원 펄 비즈를 붙인다.

Point 홀플라워를 만들 때 직경 5mm 또는 3mm의 둥근 막대가 없는 경우,
연필 등에 감은 뒤 약간 당겨주면 안지름을 5mm 정도로 만들 수 있습니다.

G 더블 잎

연한 연두색 띠지 2개로 직경 12mm의 느슨한 원 → 느슨한 반원을 2개 만든다. 느슨한 반원의 평평한 측면에 본드를 바르고 2개를 맞붙인다.
다시 측면에 본드를 바르고 5cm로 자른 띠지로 둘레를 감싼 뒤 여분은 잘라낸다. 1개 더 만든다.

H 덩굴

연한 연두색 띠지를 8.5cm로 2개 잘라 같은 방향 스크롤을 2개 만든다.

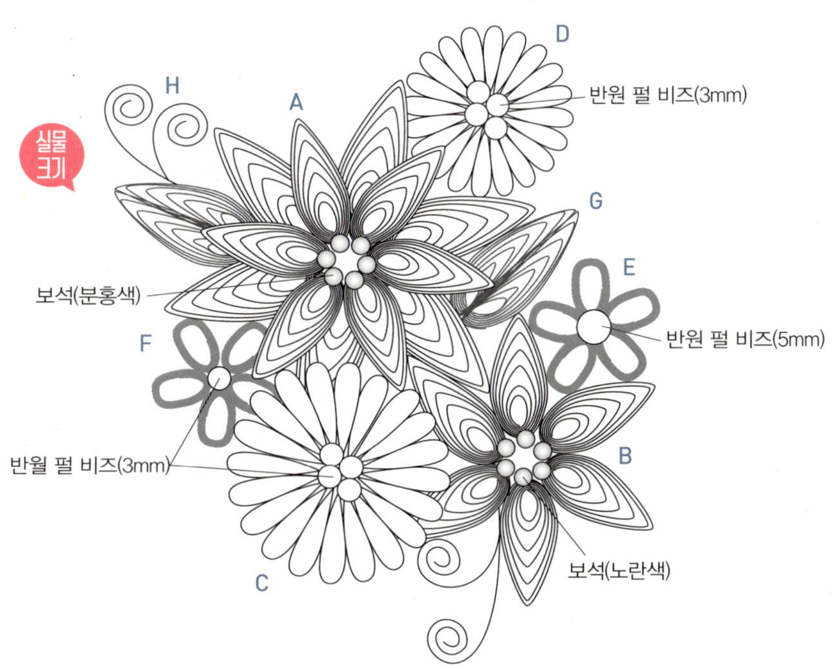

붙이는 방법

1. 축의금 봉투에 띠를 두르고 **A**의 하단 꽃잎 바닥과 측면에 본드를 발라 붙인다.
   그 사이에 **B**의 꽃잎 1장을 끼워서 붙인다. ※ **G**와 **H**도 같은 방법으로 붙인다.
2. 그림처럼 조각을 배열하고 띠에 닿는 부분에만 본드를 발라 붙인다.
3. **C**는 **A**의 하단과 **B**의 꽃잎 위에 닿는 부분에만 본드를 발라 붙인다.

웰컴보드 작품 40쪽 ◢◢◢ 견본

재료
- 블로섬페이퍼 백합 (자주색·하늘색) 각 4장(또는 도화지에 119쪽의 도안을 복사해 사용한다), 잎 (진녹색·연두색) 각 4장, 스파이럴 로즈b (자주색) 2장, 컬플라워a (분홍색) 2장, (자주색·연분홍색) 각 1장, 컬플라워b (연분홍색) 3장, (하늘색·분홍색) 각 1장, 컬플라워d (흰색·분홍색) 각 2장, (연한 연두색) 1장
- 띠지 폭 20mm, 길이 35cm (레몬옐로) 3개
- 띠지 폭 13mm, 길이 35cm (연노란색) 3개, (베이비그린·연분홍색) 각 1개
- 띠지 폭 10mm, 길이 35cm (흰색) 1개
- 띠지 폭 3mm, 길이 17cm (흰색) 5개, (연한 연두색) 9개, (연분홍색) 1개
- 꽃술장식 (흰색) 6개
- 보석 (분홍색 3mm) 1개
- 반원 펄 비즈 (노란색 3mm) 10개

기타
- 판지(25.7×21cm)
- 도화지(하늘색·흰색)

A 데이지(대)

폭 13mm의 연노란색 띠지 1개와 절반을 이어서 52cm로 만든다. 핑킹가위로 가장자리를 자르고 1mm 간격의 칼집을 넣어 술을 만든다. 이어서 폭 20mm의 레몬옐로 띠지 2개의 가장자리를 핑킹가위로 자르고 3mm 간격의 칼집을 넣어 술을 만든 다음, 처음에 만든 연노란색 술에 이어서 감는다.

B 데이지(중)

연노란색 띠지 1개와 폭 20mm의 레몬옐로 띠지 1개로 **A**와 같은 방법으로 꽃술을 만든다.

C 하트

폭 3mm의 연분홍색 띠지를 12cm로 2개 잘라 직경 8mm의 느슨한 원 → 느슨한 눈물방울을 2개 만든다. 뾰족한 부분을 맞붙여 하트 모양을 만든다. 보석을 장식한다.

D 컬플라워(대)

컬플라워a를 색깔별로 1장씩 꽃잎이 겹치지 않도록 서로 엇갈리게 붙이고, 그 안에 컬플라워b를 붙이고 다시 그 안에 컬플라워 d를 붙인다.

E 백합

하늘색 백합 2장을 엇갈리게 포개고 중심에 꽃술 장식을 붙인다.

F 컬플라워(소)

연분홍색 컬플라워a에 분홍색 컬플라워d를 포개어 붙인다. 2개 만든다.

G 폴딩 로즈

폭 13mm의 베이비그린 띠지를 17cm로 2개, 연분홍색 띠지를 1개 잘라 폴딩 로즈(완성시 직경 약 2cm)를 베이비그린 2개, 연분홍색 1개를 만든다. 폭 10mm의 흰색 띠지를 17cm로 2개 잘라 폴딩 로즈(완성 시 직경 약 1.5cm)를 2개 만든다.

H 스파이럴 로즈b

자주색 스파이럴 로즈c를 2개 만든다.

I 이심형 다섯잎꽃

폭 3mm의 흰색 띠지를 8.5cm로 10개 잘라 직경 12mm의 이심형 원을 10개 만든다. 5개씩 붙여 이심형 다섯잎꽃을 2개 만든다. 데코용 본드로 반원 펄 비즈를 5개씩 붙인다.

J 덩굴 달린 잎

폭 3mm, 길이 17cm의 연한 연두색 띠지를 6cm 지점에서 접는다. 나머지 11cm로 직경 8mm의 느슨한 원 → 느슨한 잎을 4개 만든다. 연한 연두색 띠지를 8.5cm로 8개 잘라 직경 8mm의 느슨한 원 → 느슨한 잎을 8개 만들고 6cm 남겨둔 가지 부분에 붙인다. 연한 연두색 띠지를 4cm로 4개 잘라 느슨한 스크롤을 만들어 가지에 붙인다. 이것을 4개 만든다.

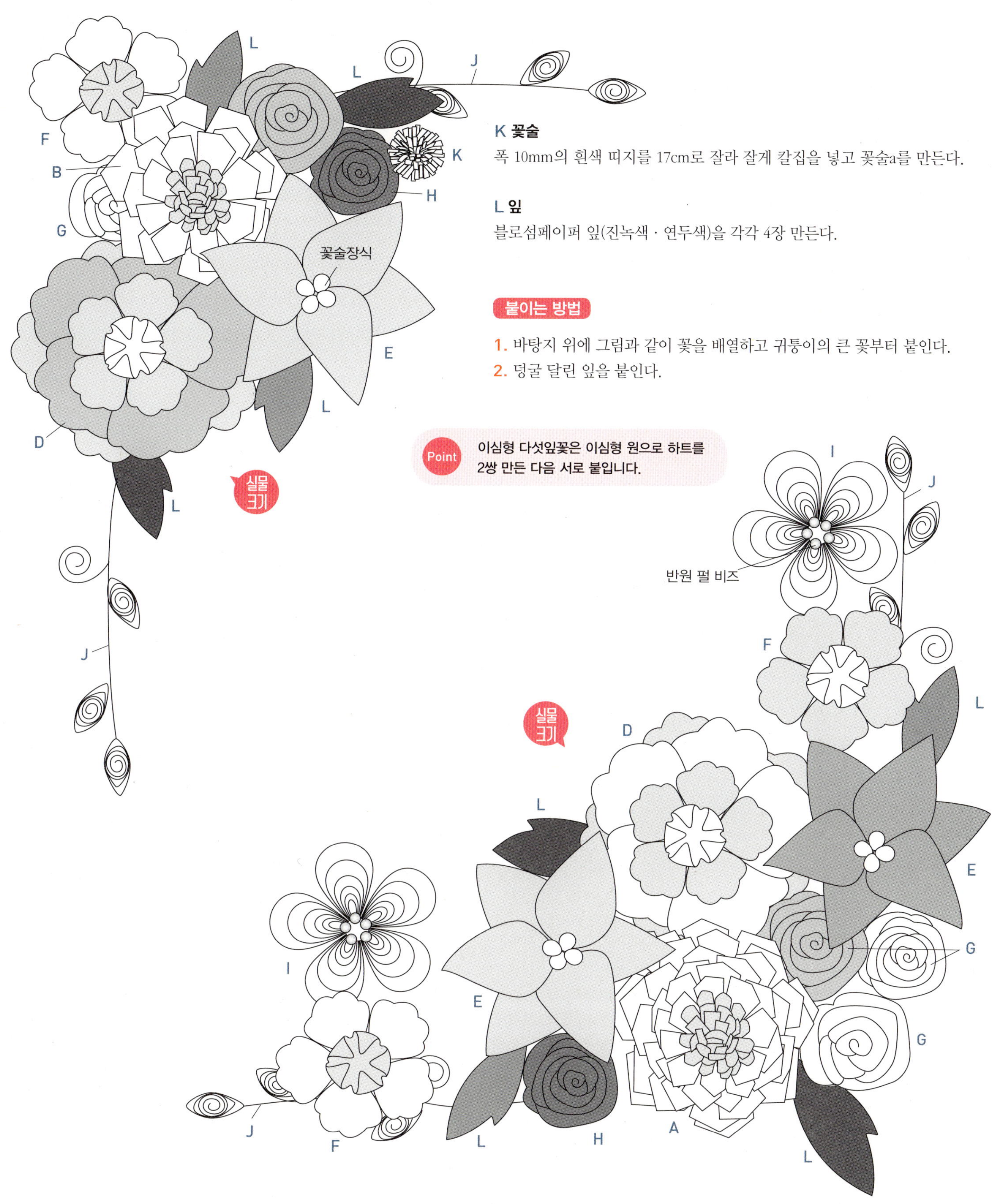

K 꽃술

폭 10mm의 흰색 띠지를 17cm로 잘라 잘게 칼집을 넣고 꽃술a를 만든다.

L 잎

블로섬페이퍼 잎(진녹색 · 연두색)을 각각 4장 만든다.

붙이는 방법

1. 바탕지 위에 그림과 같이 꽃을 배열하고 귀퉁이의 큰 꽃부터 붙인다.
2. 덩굴 달린 잎을 붙인다.

Point 이심형 다섯잎꽃은 이심형 원으로 하트를 2쌍 만든 다음 서로 붙입니다.

C의
실물 크기
보석

F
H
K
B
E
D
J
C
L
I
G
A
Wedding
Keita
Yuko
2020.11.22

청첩장 · 좌석 안내장 작품 42쪽 견본

재료
- 띠지 폭 3mm, 길이 17cm (아이스블루 · 에메랄드그린) 각 4개
- 보석(크리스털 3mm) 2개

기타
- 새틴리본(폭 10mm, 길이 약 70cm)
- 리본(폭 3mm, 길이 약 50cm)
- 좌석 안내장 커버지(A4 사이즈)
- 좌석 안내장 속지(B4 사이즈)
- 초대장 커버지(20.2×15cm)
- 도화지(A4 사이즈, 흰색)
- 초대장 속지(19.2×14cm)

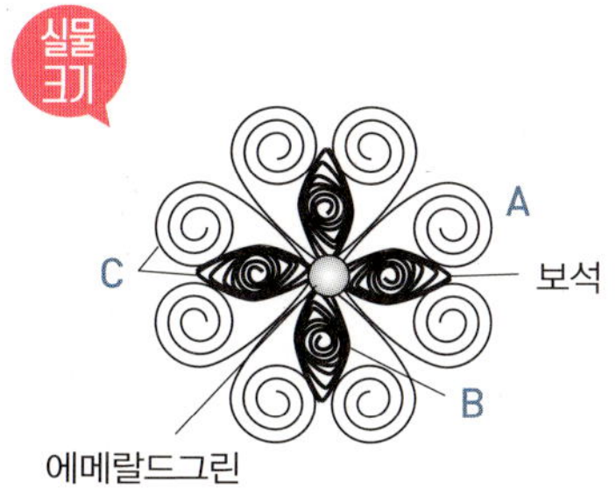

Point 네잎꽃용 플라워 스케일(70쪽)을 이용하면 편리합니다.

조각 만들기

A 아이스블루 띠지를 8.5cm로 8개 잘라 느슨한 하트를 만든다.
B 에메랄드그린 띠지를 8.5cm로 8개 잘라 직경 8mm의 느슨한 원 → 느슨한 잎을 8개 만든다.
C A의 느슨한 하트 안쪽에 B를 붙인다.
D C의 느슨한 하트 바깥쪽 측면을 맞붙인 것을 2쌍 만들어 클로버 모양으로 붙인다.

붙이는 방법

1. 초대장 커버지에 견본에서 인쇄한 문구를 붙인다.
2. 조각을 붙이고 조각에 본드를 소량 발라 보석을 붙인다.
3. 좌석 안내장 커버지에 리본을 붙인 뒤 인쇄한 문구를 붙인 후 그다음 조각을 붙이고 리본 매듭을 붙인다.

메뉴판 · 좌석표 작품 43쪽 견본

준비물 (A · B 각 1개분)

재료
- 띠지 폭 3mm, 길이 17cm (아이스블루 · 에메랄드그린) 각 2개
- 보석(크리스털 3mm) 1개

기타
- 메뉴판 바탕지(옥색 19×10.5cm)
- 도화지(흰색 17.5×9cm)
- 좌석표 바탕지(옥색 14.8×10cm)
- 도화지(흰색, A4 사이즈)

조각 만들기

A 에메랄드그린 띠지를 8.5cm로 2개 잘라 4플리츠를 1개 만든다. 아이스블루 띠지를 8.5cm로 2개 잘라 V스크롤을 1개 만든 뒤 그 사이에 4플리츠를 붙인다. 에메랄드그린 띠지로 C스크롤을 만들어 포개어 붙인다. 아이스블루 띠지로 느슨한 하트를 만들어 그림과 같은 곡선을 이루도록 손으로 살짝 펼친다. 그림처럼 포개서 붙인다. ※ 좌석표도 같은 방법으로 만든다.

B 에메랄드그린 띠지를 8.5cm로 2개 잘라 V스크롤을 1개 만든다. 나머지 1개를 다시 절반 길이(약 4cm)로 잘라 V스크롤을 만든다. 아이스블루 띠지를 8.5cm로 잘라 느슨한 하트를 만든 뒤 그림과 같은 곡선을 이루도록 손으로 살짝 펼치고 안쪽에 V스크롤을 포개어 붙인다.

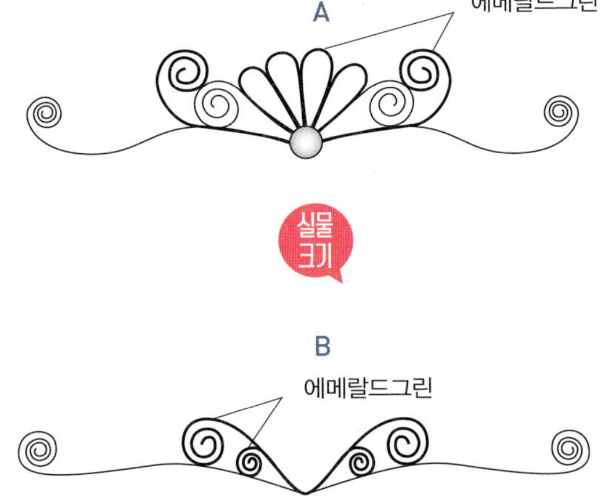

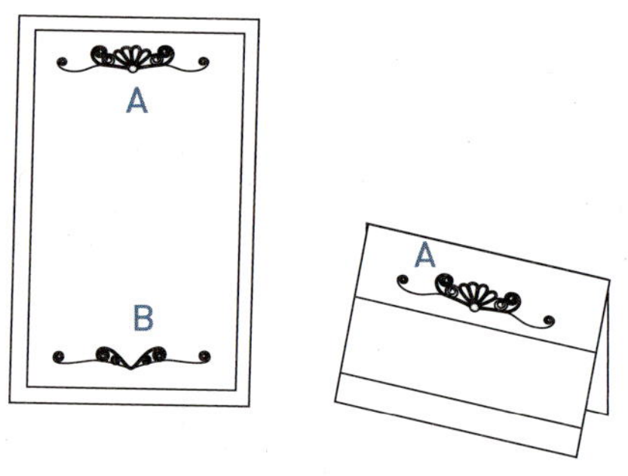

붙이는 방법

1. 메뉴판과 좌석표에 견본에서 인쇄한 문구를 붙인다.
2. 그림을 참고하여 조각을 붙인 다음 조각에 본드를 소량 발라 보석을 장식한다.

아기 액자 작품 44쪽 견본

준비물

재료
- 띠지 폭 10mm, 길이 35cm (흰색) 2개
- 띠지 폭 3mm, 길이 35cm (연두색) 7개, (노란색 · 진분홍색) 각 4개, (주황색 · 파란색 · 자주색) 각 3개, (흰색) 1개
- 보석 (분홍색 3mm) 1개, (금색 2mm) 1개, (녹색 2mm) 5개
- 반원 펄 비즈 (흰색 4mm) 4개

기타
- 프레임(18×13cm)
- 도화지(하늘색 · 흰색)

실물 크기

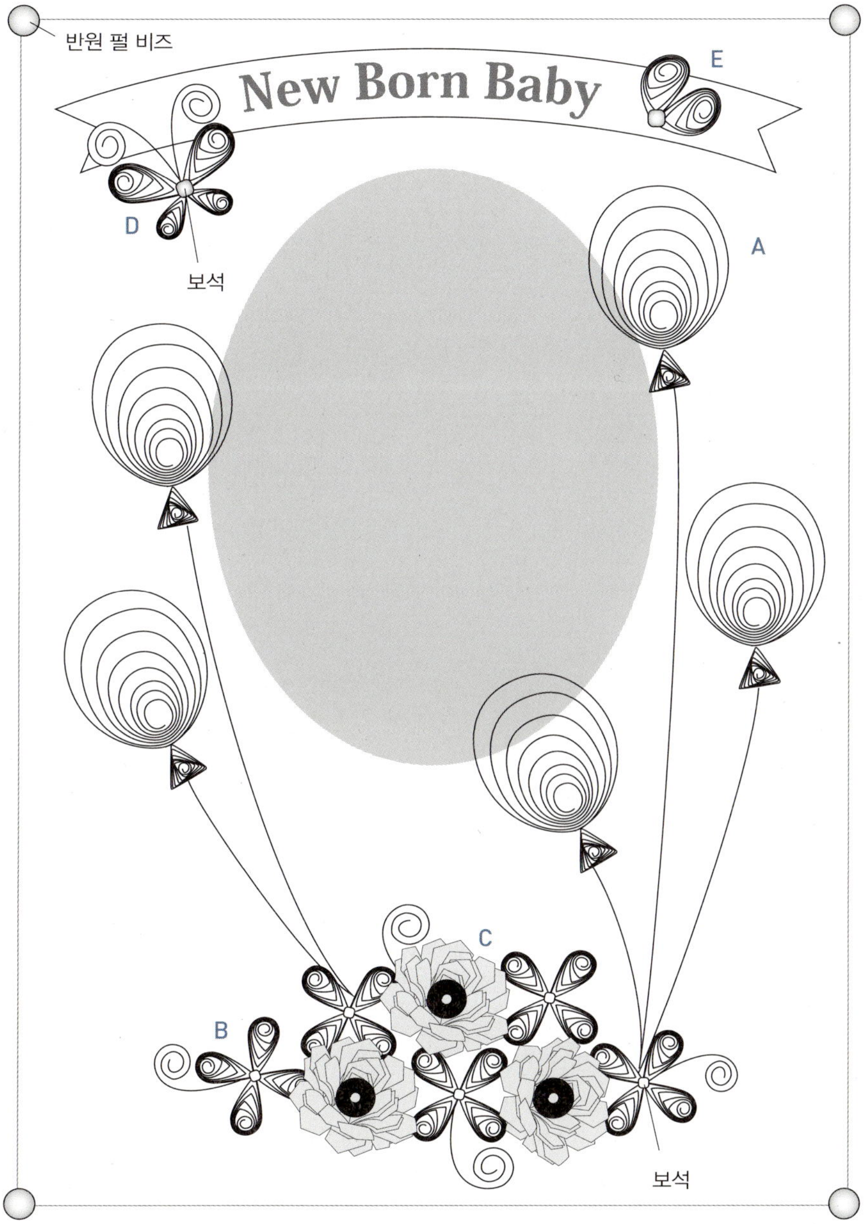

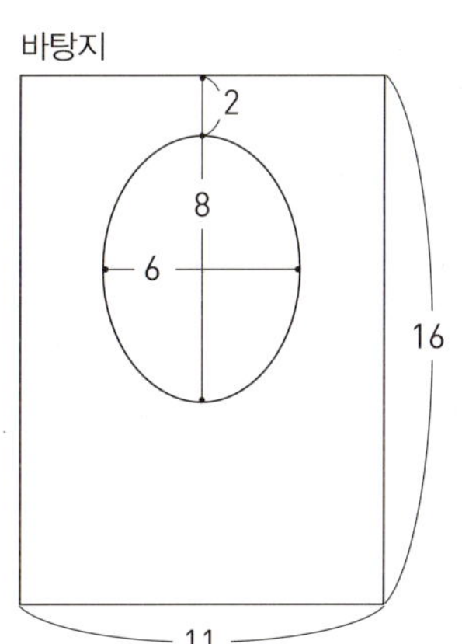

A 풍선

진분홍색 · 주황색 · 노란색 · 파란색 · 자주색 띠지로 직경 2cm의 이심형 원을 1개씩 만든다. 이어 진분홍색 · 주황색 · 노란색 · 파란색 · 자주색 띠지를 8.5cm로 잘라 직경 5mm의 느슨한 원 → 느슨한 삼각형을 1개씩 만든다.

B 클로버

연두색 띠지를 8.5cm로 20개 잘라 직경 7mm의 느슨한 원 → 느슨한 눈물방울을 20개 만든다. 이것으로 네잎클로버를 5개 만든다. 연두색 띠지를 4cm로 4개 잘라 느슨한 스크롤을 4개 만든다.

C 데이지

노란색 띠지를 12cm로 3개 잘라 촘촘한 원을 3개 만든다. 이어서 폭 10mm의 흰색 띠지를 12cm로 3개 잘라 한쪽 가장자리를 핑킹가위로 잘라내고 2mm 간격으로 칼집을 넣어 술을 만든다. 먼저 만든 촘촘한 원에 술을 감아 붙이고 형태를 다듬는다. 데이지는 3개 만든다.

D 나비

진분홍색 띠지를 8.5cm로 2개, 6cm로 2개를 자른다. 8.5cm는 직경 7mm의 느슨한 원 → 느슨한 눈물방울을 2개, 6cm는 직경 5mm의 느슨한 원 → 느슨한 눈물방울을 2개 만든다. 흰색 띠지를 4cm로 잘라 V스크롤(더듬이)을 만든다.

E 하트

흰색 띠지를 8.5cm로 2개 잘라 직경 6mm의 느슨한 원 → 느슨한 눈물방울을 2개 만든 뒤 하트 모양으로 붙인다.

1. 견본에서 인쇄한 문구를 잘라 하늘색 도화지에 붙인다. 네 귀퉁이에 흰색 반원 펄 비즈를 붙인다.
2. 도안처럼 조각을 배열하고 데이지와 클로버를 붙인 뒤 보석으로 장식한다.
3. 풍선을 붙인 다음, 풍선과 같은 색의 띠지를 적당한 길이로 잘라 끈이 달린 것처럼 자연스럽게 곡선으로 붙여준다.
4. 나비와 하트를 붙이고 보석을 장식한다.

입학 축하 카드 작품 45쪽 견본

재료
- 띠지 폭 3mm, 길이 35cm (분홍색) 2개
- 띠지 폭 3mm, 길이 17cm (분홍색) 3개, (빨간색) 3개, (흰색 · 검은색 · 갈색 · 하늘색) 각 4개, (파란색) 2개, (노란색 · 황금색) 각 1개
- 도화지 또는 색종이 (검은색) 약간
- 반원 펄 비즈(또는 검은색 비즈, 2mm) 6개

기타
- 카드(14×19cm)
- 팬시지(체크무늬 3.7×14cm)

토끼

A 얼굴 : 17cm의 분홍색 띠지를 7cm로 잘라 직경 20mm의 원을 만든다. 여분은 잘라낸다.

B 귀 : 35cm의 분홍색 띠지 2개로 직경 15mm의 이심형 원 → 긴 이심형을 2개 만든다.

C 턱 : 17cm의 분홍색 띠지로 직경 8mm의 느슨한 원을 만든다.

D 볼 : 빨간색 띠지를 4.5cm로 2개 잘라 직경 5mm의 느슨한 원을 2개 만든다.

E 코 : 검은색 띠지를 4.5cm로 잘라 직경 4mm의 느슨한 원 → 느슨한 삼각형을 만든다.

F A에 B의 귀(긴 이심형)를 붙인다.

G 옷깃 : 흰색 띠지를 8.5cm로 2개 잘라 직경 8mm의 느슨한 원 → 느슨한 반원을 2개 만든다. F에 붙인다.

곰 ※귀와 리본 외에는 토끼와 동일

H 귀 : 갈색 띠지 2개로 직경 10mm의 느슨한 원 → 느슨한 반원을 2개 만든다.

I 리본 : 빨간색 띠지를 4.5cm로 2개 잘라 직경 4mm의 느슨한 원 → 느슨한 삼각형을 2개 만든다. 빨간색 띠지를 2cm로 잘라 촘촘한 원(매듭)을 만든다. 삼각형 사이에 끼워 붙인다.

생쥐 ※귀 외에는 토끼와 동일

J 귀 : 17cm의 하늘색 띠지 2개로 직경 12mm의 느슨한 원을 만든다. 바깥쪽 원 2개만 뾰족하게 접는다.

폭죽

K 17cm의 파란색 띠지 2개로 직경 10mm의 느슨한 원 → 느슨한 삼각형을 2개 만든다.

L 빨간색 · 노란색 · 분홍색 띠지를 각각 2cm로 자른 뒤 다시 폭을 반(1.5mm)으로 잘라 이쑤시개로 스파이럴을 만든다.

1. 타이틀 문구를 인쇄하여 카드에 붙인다.

2. 그림과 같이 카드에 각 조각을 배열한다.

3. 얼굴 안에 턱, 볼, 코를 붙이고 검은색 반원 펄 비즈(눈)를 붙인 뒤 도화지(또는 색종이)로 인중과 입을 만들어 붙인다.

4. 글씨 양옆의 폭죽은 종이테이프가 튀어나온 것처럼 붙인다.

준비물

재료
- 블로섬페이퍼 술 (황금색 · 분홍색) 각 2장(또는 도화지에 119쪽의 도안을 복사해 사용한다), (흰색 · 레몬옐로) 각 1장, 컬플라워a (황금색 · 레몬옐로) 각 2장, 컬플라워b (흰색) 2장, (분홍색) 1장, 컬플라워c · e (황금색 · 레몬옐로) 각 1장, 컬플라워d (분홍색) 2장, (흰색) 1장, 스파이럴 로즈b (진홍색) 2장, (황금색 · 분홍색 · 레몬옐로) 각 1장, 잎 (연두색) 7장
- 띠지 폭 3mm, 길이 17cm (연두색) 2개

기타
- 색지
- 도화지 (분홍색) 9.5×13.5cm

조각 만들기

A 데이지
흰색 블로섬페이퍼 술을 감아 본드를 발라 고정한다. 황금색 술을 2장 연결해 흰색 술에 이어서 감는다.

B 데이지
A와 마찬가지로 레몬옐로 색상의 술을 감아 본드를 발라 고정한다. 분홍색 술을 2장 연결해 레몬옐로 술에 이어서 감는다.

C 컬플라워
레몬옐로 색상의 컬플라워a 2장을 꽃잎이 엇갈리게 포갠다. 그 안에 같은 색의 컬플라워c를 붙이고 다시 그 안에 황금색 컬플라워e를 붙인다.

D 컬플라워a
황금색 컬플라워a 2장을 꽃잎이 엇갈리게 포갠다. 그 안에 같은 색의 컬플라워c를 붙이고 다시 그 안에 레몬옐로 컬플라워e를 붙인다.

E 컬플라워
흰색 컬플라워b 안에 분홍색 컬플라워e를 붙인다. 2개 만든다.

F 컬플라워
분홍색 컬플라워b 안에 흰색 컬플라워e를 붙인다. 1개 만든다.

G 스파이럴 로즈b
진홍색 2개와 황금색 · 레몬옐로 · 분홍색을 1개씩 만든다.

H 잎
연두색 블로섬페이퍼 잎을 7장 만든다.

I 덩굴
연두색 띠지를 8.5cm로 3개 잘라 같은 방향 스크롤을 3개 만든다.

붙이는 방법

1. 분홍색 도화지를 색지에 붙인다.
2. 그림과 같이 꽃을 배열한다. 왼쪽 상단의 경우 큰 꽃부터 A → B → C → E → G 순으로 붙이고 잎(H)과 같은 방향 스크롤을 붙인다.
3. 오른쪽 하단은 D → F → G 순으로 붙인 다음 잎(H)과 덩굴(I)을 붙인다.
4. 문구는 견본을 인쇄해서 붙인다.

감사합니다

축하 액자 작품 46쪽 견본

준비물

재료
- 띠지 폭 3mm, 길이 17cm (연분홍색) 27개, (풀색) 5개, (연지색) 3개, (연노란색) 1개

기타
- 프레임(18×13cm)
- 도화지(흰색 · 연분홍색)
- 사진 고정용 삼각 코너

조각 만들기

벚꽃

A 연지색 띠지를 8.5cm로 9개 잘라 촘촘한 원을 9개 만든다.

B 연분홍색 띠지를 17cm로 27개 잘라 직경 12mm의
이심형 원 → 이심형 벚꽃잎을 27개 만든다. 연노란색 띠지를
2cm로 5개 자른 뒤 다시 폭을 반(1.5mm)으로 잘라 A에서 만든
촘촘한 원에 십자 모양으로 붙인다(벚꽃 심지 그림 참조).
다섯잎꽃용 플라워 스케일(70쪽)에 이심형 벚꽃잎을 놓고 중심에
약간 공간을 두고 붙인다. 이심형 벚꽃잎 중심에, 촘촘한 원을
십자로 붙인 면이 밑으로 가도록 붙이고 노란색 띠지 끝을
안쪽으로 살짝 말아준다.

스크롤 잎

C 풀색 띠지를 8.5cm로 9개 잘라 3분의 1지점을 접고, 3분의 2를
안쪽으로 말아준다. 나머지 3분의 1로 원을 감싸 스크롤 잎을
만든다. 9개 만든다.

D 풀색 띠지를 8.5cm로 잘라 V스크롤을 만든다. V스크롤 안쪽에
본드를 발라 붙인다. 그 사이에 이심형 벚꽃잎을 끼워 붙인다.
2개 만든다.

E 풀색 띠지를 8.5cm로 4개 자르고 3분의 1 지점을 접어 V스크롤을
만든다. 4개 만든다.

F 풀색 띠지를 4cm로 4개 잘라 느슨한 스크롤을 4개 만든다.
아래쪽에 A를 붙인다.

G 풀색 띠지를 8.5cm로 잘라 같은 방향 스크롤을 만들고 아래쪽에
C를 붙인다.

붙이는 방법

1. 그림과 같이 조각을 배열하고 벚꽃을 붙인 다음, 벚꽃잎과
벚꽃잎 사이에 C, D, F를 붙인다.
2. A의 열매를 4개 붙인다.
3. 견본에서 인쇄한 문구를 잘라서 붙인다.

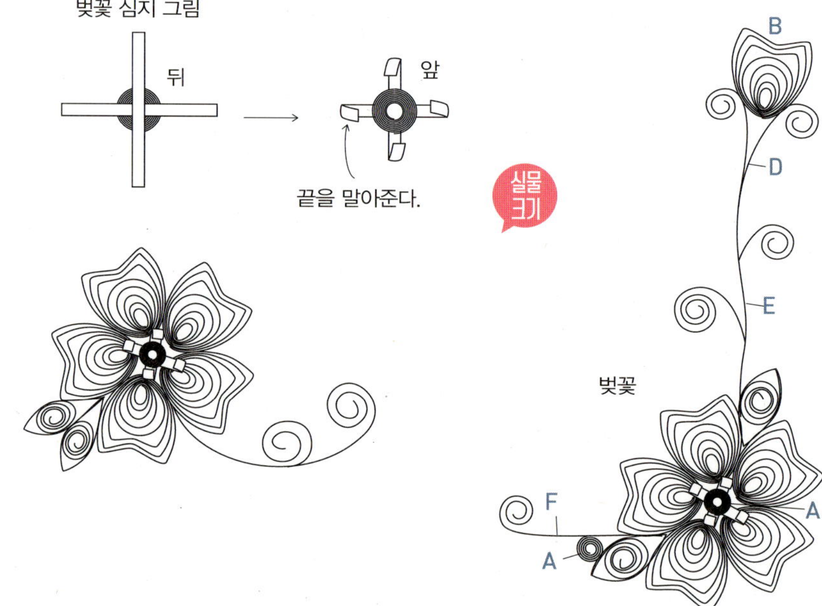

카네이션 카드 

재료
- 띠지 폭 3mm, 길이 17cm (진녹색) 5개, (빨간색) 4개
- 보석 (빨간색, 3mm) 7개

기타
- 카드(14×20cm)
- 도화지(흰색)

Point 보석을 붙일 자리에 본드를 소량 바른 뒤 보석을 얹듯이 붙이세요.

A 꽃잎
빨간색 띠지를 8.5cm로 7개 잘라 4플리츠를 7개 만든다.

B 잎
진녹색 띠지를 8.5cm로 2개 잘라 직경 8mm의 느슨한 원 → 느슨한 초승달을 2개 만든다.
진녹색 띠지를 12cm로 2개 잘라 직경 10mm의 느슨한 원 → 느슨한 초승달을 2개 만든다.

C 덩굴
진녹색 띠지를 5cm로 2개 잘라 느슨한 스크롤을 2개 만든다.

D 줄기와 덩굴
진녹색 띠지를 13cm와 4cm로 잘라 각각 느슨한 스크롤을 만든다. 13cm 느슨한 스크롤을 줄기로 삼고 그림과 같이 붙인다.

1. 문구는 견본을 인쇄해 카드의 밑에서 1cm 위에 붙인다.
2. 카드에 그림과 같이 조각을 배열한다.
3. 핀셋으로 조각을 하나씩 집어 본드를 바르고 원래 위치에 놓는 방식으로 붙인다.
4. 보석을 4플리츠의 밑동에 붙인다.

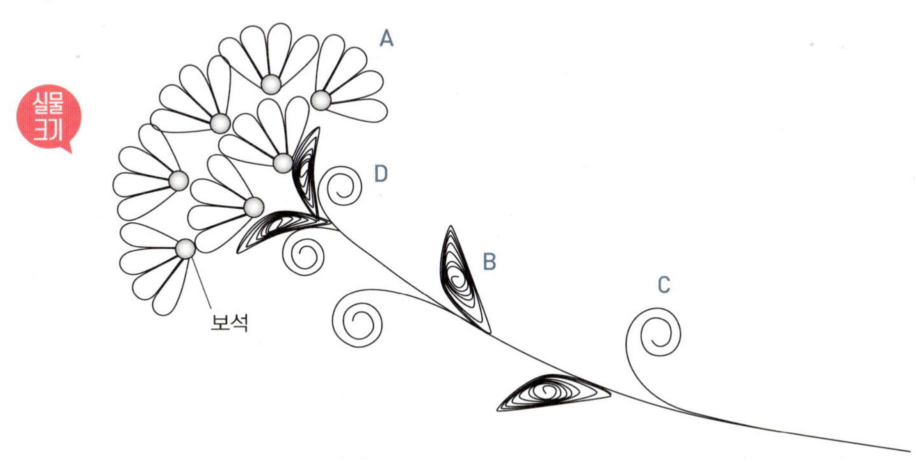

플라워 박스 작품 49쪽

재료
- 블로섬페이퍼 백합 (흰색) 4장(또는 도화지에 119쪽의 도안을 복사해 사용한다.) 잎 (연한 연두색) 4장, 스파이럴 로즈b (연한 연두색 · 흰색) 각 2장, 스파이럴 로즈c (연한 연두색 · 빨간색) 각 2장, 컬플라워a (빨간색 · 흰색) 각 4장, 컬플라워b (빨간색) 2장, 컬플라워c (빨간색 · 흰색) 각 2장, 컬플라워e (연한 연두색 · 빨간색 · 흰색) 각 2장, 술 (흰색) 2장
- 띠지 폭 3mm, 길이 17cm(연한 연두색) 8개, (빨간색) 5개
- 꽃술 장식 (검은색) 4개

기타
- 라운드 박스(직경 15×높이 9cm)
- 반원 펄 비즈(흰색 5mm) 8개

조각 만들기

A 흰색 블로섬페이퍼로 백합을 2개 만든다.

B 연한 연두색 블로섬페이퍼로 스파이럴 로즈b와 c를 각각 2개 만든다.

C 흰색 블로섬페이퍼로 스파이럴 로즈b를 2개 만든다.

D 빨간색 블로섬페이퍼로 스파이럴 로즈c를 2개 만든다.

E 흰색 컬플라워a 2장을 엇갈리게 포갠 뒤 흰색 컬플라워c를 얹고 다시 연한 연두색 컬플라워e를 얹는다. 2개 만든다.

F 빨간색 컬플라워a 2장을 엇갈리게 포갠 뒤 빨간색 컬플라워c를 얹고 다시 흰색 컬플라워e를 얹는다. 2개 만든다.

G 흰색 술 2장을 연결해 감아 꽃술을 만든다.

H 빨간색 컬플라워b에 빨간색 컬플라워e를 포개어 붙인다. 2개 만든다.

I 연한 연두색 잎을 4장 만든다.

J 연한 연두색 띠지를 8.5cm로 4개 잘라 느슨한 스크롤을 4개 만든다.

K 연한 연두색 띠지를 8.5cm로 11개 잘라 드레이프를 11개 만든다.

L 빨간색 띠지를 8.5cm로 잘라 직경 7mm의 느슨한 원 → 느슨한 눈물방울을 10개 만든다.

 **Point** 상자 옆면에 조각을 붙일 때는 본드를 꼼꼼히 발라줍니다.

붙이는 방법

1. 그림과 같이 뚜껑에 꽃을 배열하고 중앙의 꽃술(G)부터 붙인다. 나머지 꽃들도 가운데로 모아 붙인다.
2. 잎은 꽃 사이에 끼워 붙이고 덩굴(J)은 위에서 봤을 때 십자 모양을 이루도록 붙인다.
3. 상자 측면에 K를 한 바퀴 돌려 붙이고, K와 K 사이에 L을 붙인다.
4. 뚜껑 가장자리에 반원 펄 비즈를 장식한다.

실물
크기
뚜껑
반원 펄 비즈
J
I
A
H
꽃술 장식
B
C
E
E
B
G
D
D
B
B
C
F
H
A
측면
L
K

마가렛 카드 작품 50쪽 견본

재료
- 띠지 폭 3mm, 길이 17cm (흰색) 15개, (진녹색) 4개
- 띠지 폭 3mm, 길이 35cm (노란색) 2개
- 보석 (녹색 3mm) 2개

기타
- 카드(22×15cm)
- 도화지(흰색)

조각 만들기

A 꽃잎
흰색 띠지를 12cm로 15개 잘라 직경 10mm의 이심형 원 → 길이 1.5cm의 이심형 눈물방울을 15개 만든다.

B 꽃심
노란색 띠지로 직경 12mm의 촘촘한 원을 만든다.

C 잎
진녹색 띠지 2개로 직경 12mm의 느슨한 원 → 느슨한 초승달을 2개 만든다.

D 줄기와 덩굴
진녹색 띠지를 8.5cm로 3개 잘라 1개는 줄기로 삼고 2개는 느슨한 스크롤을 만든다.

붙이는 방법

1. 문구는 견본을 인쇄해 카드의 밑에서 1cm 위에 붙인다.
2. 카드에 조각을 놓고 꽃심(B)을 붙인 뒤 꽃심을 감싸듯 A의 꽃잎을 붙인다.
3. D의 줄기와 덩굴을 붙인 뒤 C의 잎을 붙인다.
4. 잎에 보석을 장식한다.

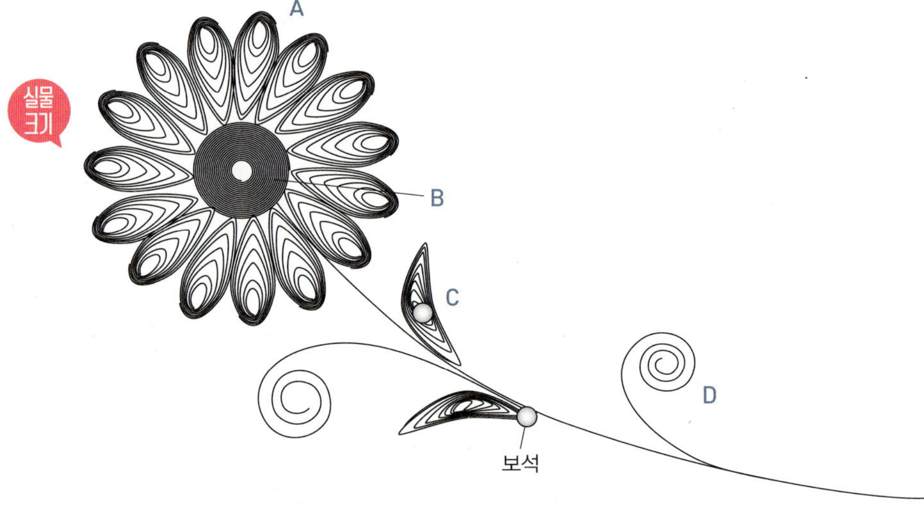

아버지를 위한 미니 카드 작품 51쪽 

재료
- 띠지 폭 3mm, 길이 17cm (검은색) 6개, (자주색) 1개
- 띠지 폭 3mm, 길이 35cm (검은색) 1개

기타
- 상자
- 포장지
- 카드(14×10cm)
- 영자신문(포장지)
- 끈(또는 리본)
- 스탬프

Point 색이 진한 종이는 본드 자국이 잘 드러납니다.
조각을 붙일 때 본드를 지나치게 많이 바르지 않도록 주의하세요.

조각 만들기

안경
검은색 띠지를 17cm로 2개 잘라 연필(또는 직경 7mm의 둥근 물건)에 감아 센터홀 → 반원을 2개 만든다.
검은색 띠지를 2.5cm로 잘라 2개의 반원 사이에 붙인다.

수염
검은색 띠지를 17cm로 2개 자른 뒤 직경 14mm의
이심형 원 → 구부러진 긴 이심형을 2개 만들어 둥근 부분을 맞대어 붙인다.

넥타이
검은색 띠지를 8.5cm로 1개 잘라 직경 8mm의 느슨한 원 → 느슨한 삼각형을 만든다.
검은색 띠지 35cm로 직경 20mm의 이심형 원 → 이심형 다이아몬드를 만든다.
그림과 같이 붙인다.

하트
자주색 띠지를 8.5cm로 2개 잘라 직경 6mm의 느슨한 원 → 느슨한 눈물방울을
2개 만들어 하트 모양으로 붙인다.

붙이는 방법

1. 카드에 영자신문을 붙인다.
2. 카드에 원하는 스탬프를 찍는다.
3. 안경, 수염, 넥타이, 하트를 붙인다.

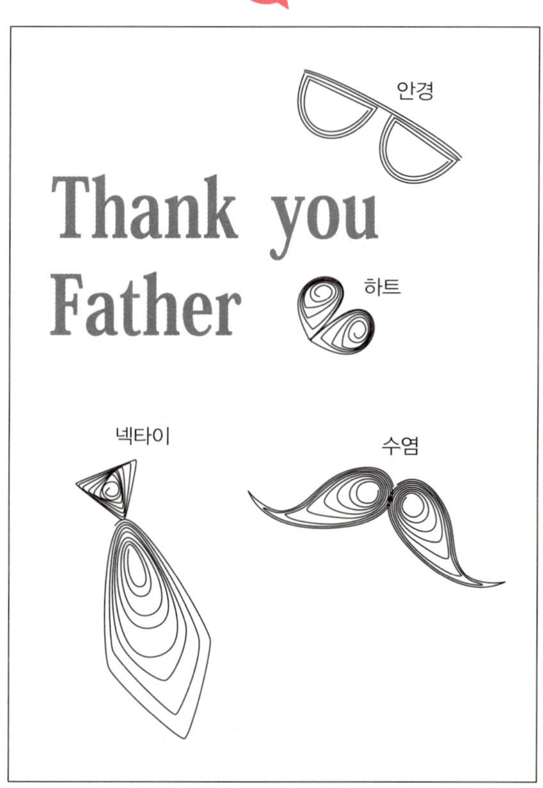

잭 오 랜턴 종이가방 작품 52쪽 견본

준비물 (1개분)

재료
- 띠지 폭 3mm, 길이 35cm (검은색) 4개
- 손잡이(약 20cm)
- 견본 인쇄용지(도화지 정도의 두께)

기타
- 종이가방(15×7.5×4cm)
- 스티커(하트)

조각 만들기

A 눈

검은색 띠지를 30cm로 2개 잘라 직경 10cm의 촘촘한 원 → 촘촘한 삼각형을 2개 만든다.

B 코·입

남은 띠지를 11cm로 6개 잘라 직경 5mm의 촘촘한 원 → 촘촘한 삼각형을 5개 만든다.
남은 띠지 1개에 4개의 촘촘한 삼각형을 붙여 입을 만들고 여분은 잘라낸다.

붙이는 방법

1. 견본에서 호박 모양을 인쇄한 후 자른다. 망토 뒷면에 양면테이프를 붙인다.
2. 눈(**A**), 코와 입(**B**), 꼭지를 붙인다.
3. 종이가방에 **1**을 붙이고 손잡이가 될 끈을 부착한 뒤 스티커를 붙인다.

> **Point** 눈이 되는 느슨한 삼각형의 방향이나 위치를 바꾸면 호박의 표정도 변합니다.

핼러윈 포장 태그 작품 53쪽 견본

준비물 (종류별로 1개분)

재료
- 띠지 폭 3mm, 길이 17cm (황금색) 5개, (보라색 · 흰색) 각 4개
- 띠지 폭 3mm, 길이 35cm (황금색) 1개
- 주황색 도화지(7×20cm)
- 도화지 또는 색종이 (검은색) 약간
- 문구 인쇄용지(A4 용지)

기타
- 원형 펀치
- 종이끈(또는 갈색 리본) 50cm
- 철사 5cm
- 종이주머니(21×13cm)

조각 만들기

호박 괴물

A 보라색 띠지를 8.5cm로 2개 잘라 직경 8mm의 느슨한 원 → 느슨한 눈물방울을 2개 만든다. 하트 모양으로 붙인다.

B 황금색 띠지로 직경 13mm의 느슨한 원 → 느슨한 초승달을 4개 만든다. 느슨한 초승달 조각을 호박 모양으로 붙인다.

C 검은색 종이를 잘라 눈과 입, 꼭지를 만들어 본드로 붙인다.

박쥐

D 보라색 띠지로 직경 10mm의 느슨한 원 → 느슨한 고양이 귀를 만든다.

E 보라색 띠지를 8.5cm로 2개 잘라 인사이드 스크롤을 2개 만든다.

F 황금색 띠지를 12cm로 잘라 촘촘한 원을 만든다.

G A의 느슨한 고양이 귀 아래쪽에 F를 달고 양옆에 E를 붙인다.

유령

H 흰색 띠지로 직경 13mm의 이심형 원 → 긴 이심형과 구부러진 긴 이심형을 2개씩 만든다.

　뾰족한 곳을 밑으로 해서 긴 이심형의 두꺼운 부분에 본드를 바르고 양옆에 구부러진 긴 이심형을 붙인다.

　하트(빨간색)는 호박 괴물의 것과 같은 방법으로 만든다.

I 검은색 종이를 잘라 눈과 입을 만들고 본드로 붙인다.

초승달

J 황금색 띠지 35cm로 직경 12mm의 느슨한 원 → 느슨한 초승달을 만든다.

K 보라색 띠지를 8.5cm로 잘라 V스크롤을 만든다.

L 보라색 띠지를 4.5cm로 잘라 느슨한 스크롤을 만들고, K의 V스크롤 사이에 붙인다.

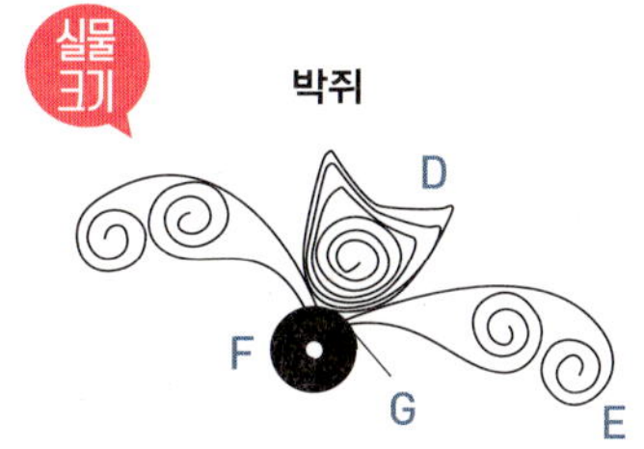

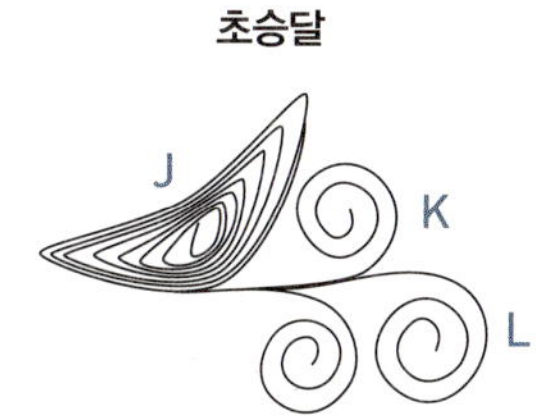

 ※ 78쪽 참조.

1. 주황색 도화지를 7×20cm로 자르고 짧은 쪽 양 끝을 핑킹가위로 자른다.
　이것을 반으로 접었다 편 뒤 폭 1cm 간격으로 주름지게 접는다.

2. 한가운데를 철사로 감고 주름을 살짝 펼쳐 리본 모양을 만든다.

3. 가장 바깥쪽 주름의 철사 가까운 곳을 잘라낸다.

4. 잘라낸 부분을 반대쪽 리본에 붙여서 둥글게 만든다.

Point 반으로 접은 선과 주름의 중심선이 겹치도록 접으면 깔끔합니다.

붙이는 방법

1. 다운로드한 견본을 인쇄해 둥글게 자른 뒤 원형 펀치로 구멍을 뚫고 퀼링 조각을 붙인다.

2. 태그 뒷면에 본드를 발라 주름을 붙인다.

3. 구멍에 종이끈을 끼운다.

파티용 빨대 작품 54쪽

준비물

재료　• 띠지 폭 3mm, 길이 17cm (보라색) 3개, (황금색) 1개

기타　• 빨대
　　　　• 도화지(흰색)

조각 만들기

박쥐

A 황금색 띠지를 8.5cm로 잘라 직경 8mm의 느슨한 원 → 느슨한 초승달을 만든다.
B 보라색 띠지를 8.5cm로 잘라 인사이드 스크롤을 2개 만든다.
C 보라색 띠지를 4.5cm로 잘라 촘촘한 원을 만든다.

초승달

D 황금색 띠지를 8.5cm로 잘라 직경 8mm의 느슨한 원 → 느슨한 초승달을 만든다.
E 보라색 띠지를 4.5cm로 잘라 V스크롤을 만든다. V자 안쪽을 본드로 붙인다.

붙이는 방법

견본을 다운로드하여 인쇄한 후 조각을 잘라 붙인다.

크리스마스 파티 모자 작품 55쪽

준비물 (색깔별로 1개분)

재료　• 띠지 폭 5mm, 길이 35cm (흰색) 10개, (빨간색) 8개, (진녹색) 6개, (연두색) 4개
　　　　• 흰색 · 빨간색 또는 녹색 도화지(B4 사이즈)
　　　　• 반원 펄 비즈 (빨간색 5mm) 3개

조각 만들기

A 흰색 띠지를 17cm로 10개 잘라 C스크롤을 10개 만든다.
B 진녹색 또는 빨간색 띠지를 17cm로 8개 잘라 직경 10mm의 느슨한 원을 8개 만든다.
C 빨간색 · 연두색 띠지 2개씩과 진녹색 띠지 1개로 직경 20mm의 느슨한 잎을 5개 만든다.

붙이는 방법

1. 모자의 흰색 띠 부분에 C스크롤과 느슨한 원을 균일한 간격으로 붙여준다.
2. 모자 중앙(빨간색 또는 진녹색 부분)에 그림과 같이 **C**를 붙인다.
3. 2의 조각 중심에 반원 펄 비즈를 붙인다.

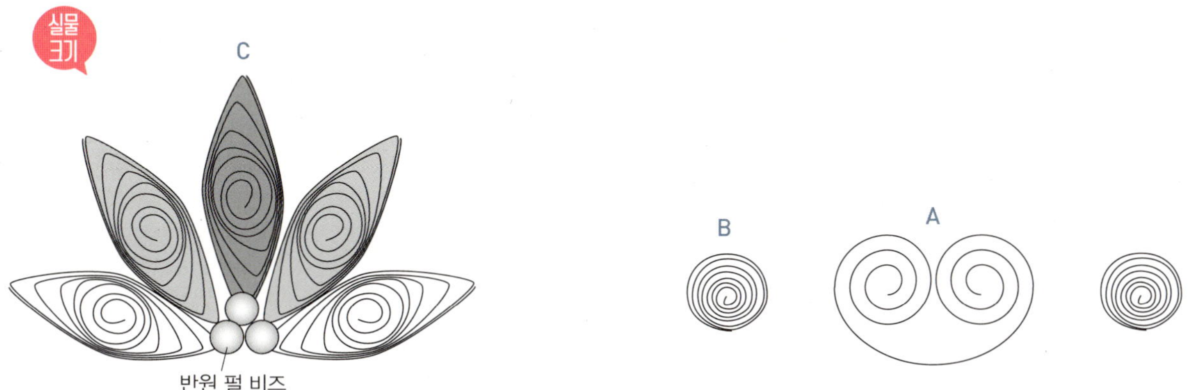

1. 그림과 같이 본체 가장자리에 흰색 띠를 포개어 붙인다.
2. 7×25cm 크기의 빨간색과 진녹색 종이를 겹쳐 밑에서 2cm 정도를 남기고 5mm 간격으로 칼집을 넣어 모자술을 만든다.
3. 모자 끝을 잘라 구멍을 뚫고 모자술의 밑에서 2cm 부분에 본드를 발라 본체에 붙인다.

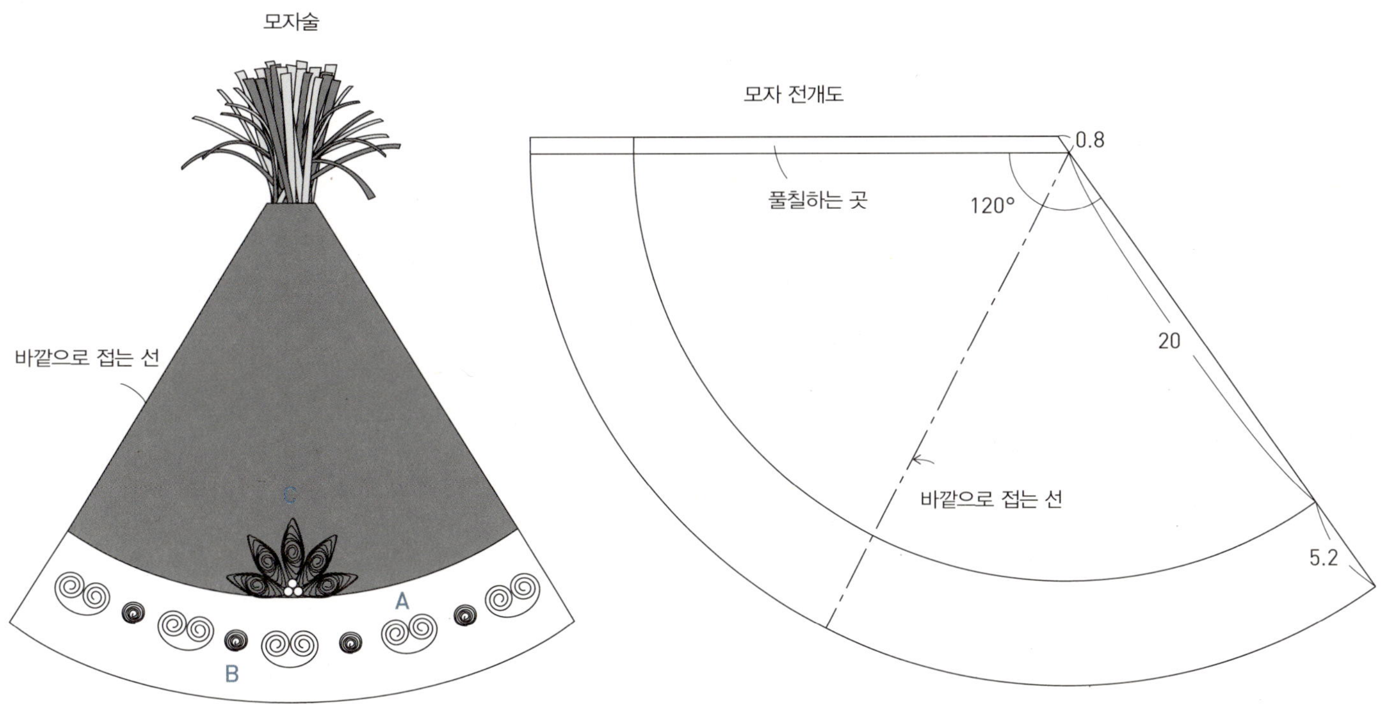

크리스마스 리스 작품 56쪽

재료
- 띠지 폭 13mm, 길이 35cm (빨간색) 10개, (흰색) 6개, (녹색 · 연한 연두색) 각 18개
- 반원 펄 비즈 (빨간색 5mm) 5개
- 보석 (골드 · 그린 3mm) 각 9개
- 글리터 (빨간색 · 녹색 · 금색) 각 1개

기타
- 빨간 리본(폭 18mm, 길이 50cm)
- 틀용 판지(직경 17.5cm에서 15.5cm의 원을 오려낸다.)
- 종이테이프(흰색)
- 철사 적당량

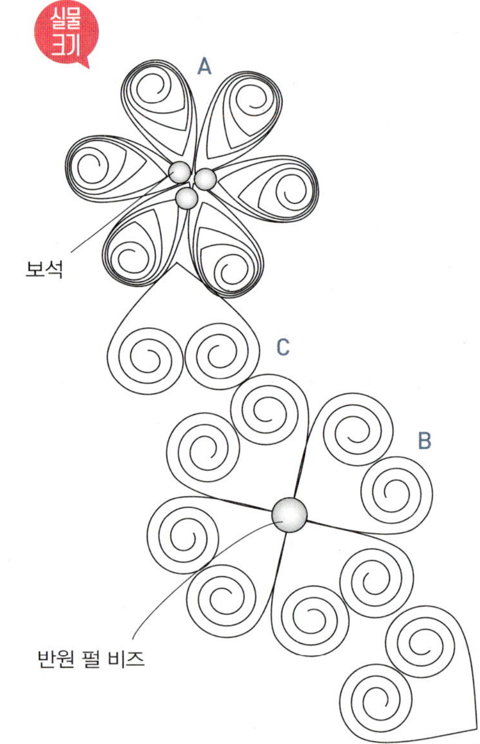

조각 만들기

A 느슨한 여섯잎꽃
녹색 띠지 9개, 연한 연두색 띠지 9개를 17cm로 18개 잘라 직경 11mm의
느슨한 원 → 느슨한 눈물방울을 각각 18개 만든다. 플라워 스케일(70쪽)을
이용하여 느슨한 눈물방울 6개로 느슨한 여섯잎꽃을 만든다. 이것을 3개 만든다.

B 느슨한 클로버
빨간색 띠지를 17cm로 20개 잘라 느슨한 하트를 만드는데, 반으로 접은 선에서
1cm는 감지 말고 남긴다. 하트의 뾰족한 부분이 십자가 되도록 붙여 느슨한
클로버를 5개 만든다.

C 느슨한 하트
흰색 띠지를 17cm로 11개 잘라 느슨한 하트를 11개 만든다.

붙이는 방법

1. 판지로 리스 틀을 만들고 흰색 종이테이프를 감는다.
2. 리스 틀 위에 그림과 같이 조각을 배열한다. 공간이 부족하면 흰색의 느슨한 하트를
   다시 작게 감아 조절한다.
3. 조각을 하나씩 순서대로 붙인 뒤 보석과 반원 펄 비즈를 붙인다.
4. 느슨한 하트를 제외한 조각에 글리터를 칠한다. 리본을 묶고 철사로 틀에 달아준다.

 **Point** 느슨한 여섯잎꽃은 꽃잎 3장을 연결한 것을 붙일 면을 평평하게 한 뒤 2쌍을 맞붙여 만듭니다.
느슨한 클로버 또한 느슨한 하트 2개를 연결한 것을 평평하게 한 뒤 2쌍을 맞붙이면 깔끔하게 만들 수 있습니다.

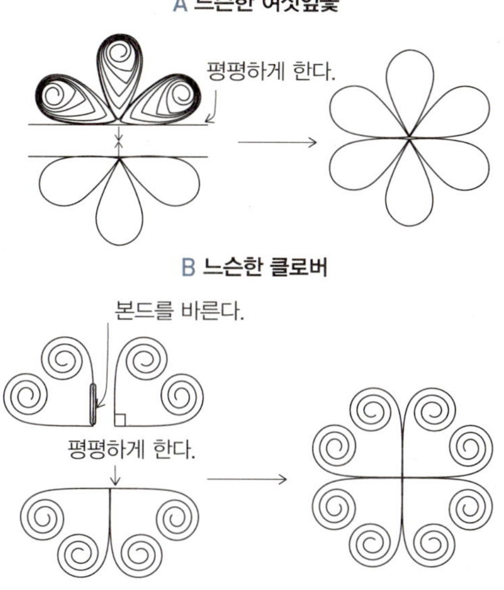

릴리프 컵받침 작품 57쪽

준비물 (2개분)

재료
- 띠지 폭 3mm, 길이 17cm (빨간색 · 녹색) 각 4개
- 반원 펄 비즈(빨간색 · 녹색 4mm) 각 4개

기타
- 컵받침(8.5×8.5cm) 2개

조각 만들기

A 빨간색(또는 녹색) 띠지를 8.5cm로 4개 잘라 직경 8mm의
느슨한 원 → 느슨한 잎을 4개 만든다.

B 빨간색(또는 녹색) 띠지를 8.5cm로 4개 잘라 V스크롤을 4개 만든다.

붙이는 방법

1. **B**의 V스크롤 안쪽에 본드를 바르고 **A**의 느슨한 잎을 끼우듯이
붙인다.
2. **1**을 컵받침의 네 귀퉁이에 붙인다.
3. V스크롤의 뾰족한 부분에 반원 펄 비즈를 붙인다.

Point 컵받침의 네 귀퉁이에 조각을 붙일 때는 컵받침의 대각선상에
반원 펄 비즈의 중심이 오도록 붙입니다.

크리스마스트리 컵받침 작품 57쪽

 (1개분)

재료
- 띠지 폭 3mm, 길이 17cm(원하는 색 3가지) 4개
- 별 모양 스팽글
- 보석(1mm) 3개

기타
- 컵받침 (8.5×8.5cm)

A 원하는 색의 띠지를 8.5cm로 잘라 반으로 접는다. 접은 곳에서 3cm 지점을 접고 바닥이 17mm가 되도록 본드로 붙인 후 포갠다(아래 그림 참조).

B 원하는 3가지 색의 띠지를 4cm로 잘라 느슨한 스크롤을 8~10개 만든다.

1. 컵받침의 끝에서 0.5cm 정도 떨어진 곳에 **A**를 붙인다.

2. **B**의 느슨한 스크롤을 트리 안에 채워 넣고 붙인다.

3. 트리 꼭대기에 스팽글을 붙이고 포인트로 느슨한 스크롤에 보석을 장식한다.

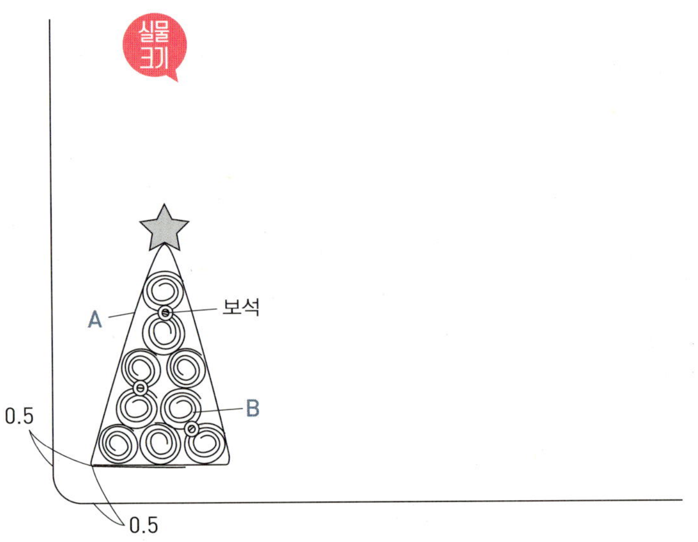

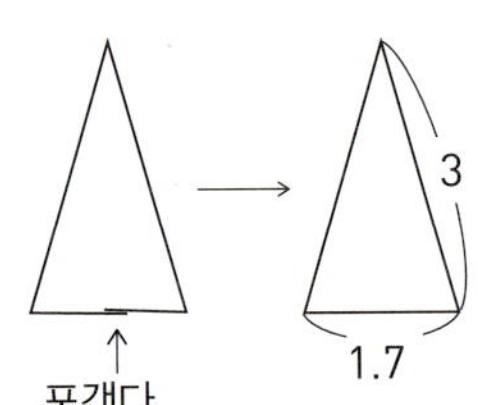

루돌프와 산타의 크리스마스카드 작품 59쪽 🎀 견본

재료
- 띠지 폭 3mm, 길이 17cm (갈색 · 빨간색 · 흰색) 각 2개
- 띠지 폭 3mm, 길이 35cm (황금색) 2개, (살구색) 1개
- 반원 펄 비즈 (검은색 3mm) 4개
- 도화지 또는 색종이(빨간색) 약간

기타
- 카드(14×19cm)

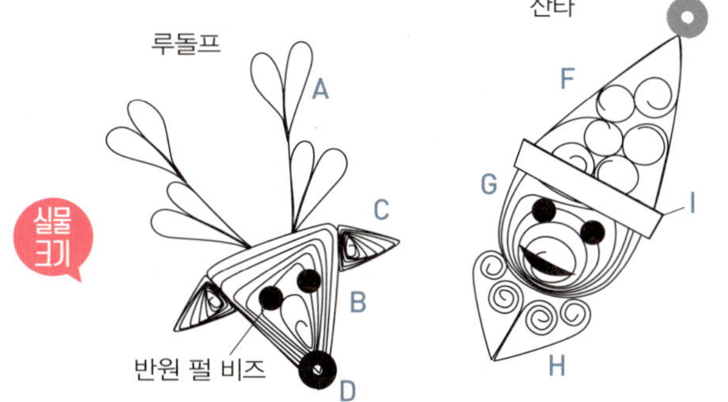

조각 만들기

루돌프

A 뿔 : 갈색 띠지를 4.5cm로 2개 잘라 2플리츠를 2개 만든다. 갈색 띠지를 5.5cm로 2개 잘라 1cm를 남기고 2플리츠 스틱을 2개 만든다. 1cm를 남긴 2플리츠 밑에 2플리츠를 붙인다.

B 얼굴 : 황금색 띠지로 직경 15mm의 이심형 원 → 삼각형을 만든다. 길쭉한 부분이 코끝이 되도록 붙인다.

C 귀 : 황금색 띠지를 8.5cm로 2개 잘라 직경 5mm의 느슨한 원 → 느슨한 나무를 2개 만든다.

D 코 : 빨간색 띠지를 4.5cm로 잘라 직경 3mm의 촘촘한 원을 만든다.

※ 그림과 같이 배열한 다음 조각 측면에 본드를 발라 붙인다.

산타

E 모자 장식 : 흰색 띠지를 8.5cm로 잘라 촘촘한 원을 만든다.

F 모자 : 빨간색 띠지를 6cm로 잘라 이등변삼각형(풀칠하는 곳 5mm를 남기고 밑변 15mm)을 만든다. 빨간색 띠지를 4.5cm로 3개 잘라 인사이드 스크롤을 3개 만든다. 이등변삼각형의 세 각 안쪽에 인사이드 스크롤의 뾰족한 부분을 붙인다.

G 얼굴 : 살구색 띠지로 직경 15mm의 이심형 원 → 반원을 만든다.

H 수염 : 흰색 띠지를 6cm로 2개 잘라 인사이드 스크롤을 2개 만든 뒤 대칭으로 붙인다.

※ 그림과 같이 배열한 다음 조각 측면에 본드를 발라 붙인다.

I 모자 가장자리 : 흰색 띠지를 2cm로 잘라 F의 모자와 G의 얼굴이 연결된 부분을 가리듯이 붙인다. 여분은 잘라낸다.

붙이는 방법

1. 타이틀 문구는 견본에서 인쇄해 카드에 붙인다.
2. 루돌프와 산타의 눈은 검은색 반원 펄 비즈를 붙인다.
3. 산타의 입은 빨간색 종이를 반원 모양으로 잘라 얼굴의 밸런스를 보면서 적당한 위치에 붙인다.
4. 루돌프와 산타를 카드에 붙인다.

포인세티아 가랜드 작품 58쪽 견본

준비물 (4개분)

재료
- 띠지 폭 3mm, 길이 35cm (녹색) 24개, (빨간색) 16개, (연두색) 4개
- 보석 (크리스털 4mm) 16개

기타
- 철사 4개
- 리본(폭 6mm, 길이 1.5m) 2개
- 문구 인쇄용지(A4 사이즈) 2장
- B4 도화지 녹색 5장 · 빨간색 4장 · 흰색 1장

조각 만들기

포인세티아

A 빨간색 띠지 35cm로 직경 20mm의 이심형 원 → 이심형 눈물방울을
4개 만든다. 둥근 부분을 중심으로 모아 꽃 모양으로 붙인다.

B 빨간색 띠지 17cm로 직경 14mm의 이심형 원 → 이심형 눈물방울을
4개 만든다. 둥근 부분을 중심으로 모아 십자로 붙인다.

C 녹색 띠지 35cm로 직경 20mm의 이심형 원 → 이심형 눈물방울을
6개 만든다. 둥근 부분을 중심으로 모아 꽃 모양으로 붙인다.

D 연두색 띠지를 5cm로 4개 잘라 촘촘한 원을 4개 만든다.

※ C 위에 A를 붙이고, A 위에 꽃잎이 겹치지 않도록 B를 포개어 붙인다. 그 위에
D의 촘촘한 원을 십자로 붙이고 원과 원 사이에 보석을 장식한다.

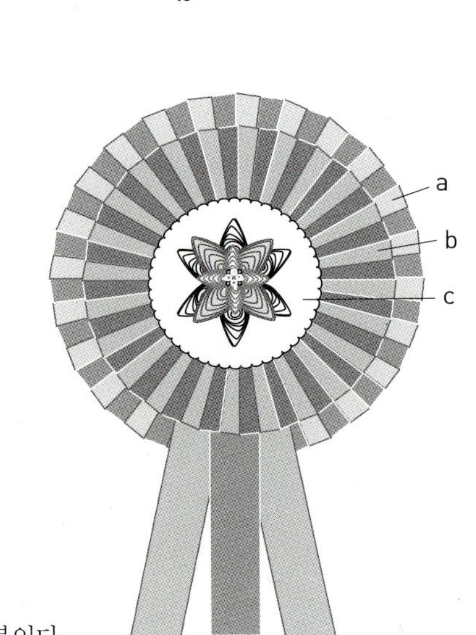

베이스 만드는 방법 ※109쪽 참조.

1. 빨간색과 녹색 도화지를 36.4×18cm로 2장씩 자른다.
2. 빨간색과 녹색 도화지를 36.4×15cm로 2장씩 자른다.
3. 1, 2를 각각 반으로 접었다 편 뒤 a는 1.5cm, b는 1cm 간격으로 주름을 접는다.
4. 주름의 중심을 철사로 감고 살짝 펼쳐 리본 모양을 만든다.
5. 가장 바깥쪽 주름의 철사 가까운 부분을 잘라내고, 반대쪽 주름에 포개서 둥글게 붙인다.
6. 빨간색과 녹색 도화지를 36.4×2.5cm로 각각 6장 자른다.
7. a 위에 b를 얹고 그 사이에 6을 끼워서 붙인다.
8. 흰색 도화지로 직경 9cm의 원형 대지를 만든다. 가장자리를 핑킹가위로 자른다(아래
붙이는 방법으로 이어짐).

붙이는 방법

1. 조각의 중심에 철사를 끼워 2개의 주름과 원형 대지를 연결하고, 8의 중심에 포인세티아를 붙인다.
2. 베이스 뒷면에 리본끈을 붙인다.
3. 견본을 인쇄하고 자른 후 리본끈에 붙인다.

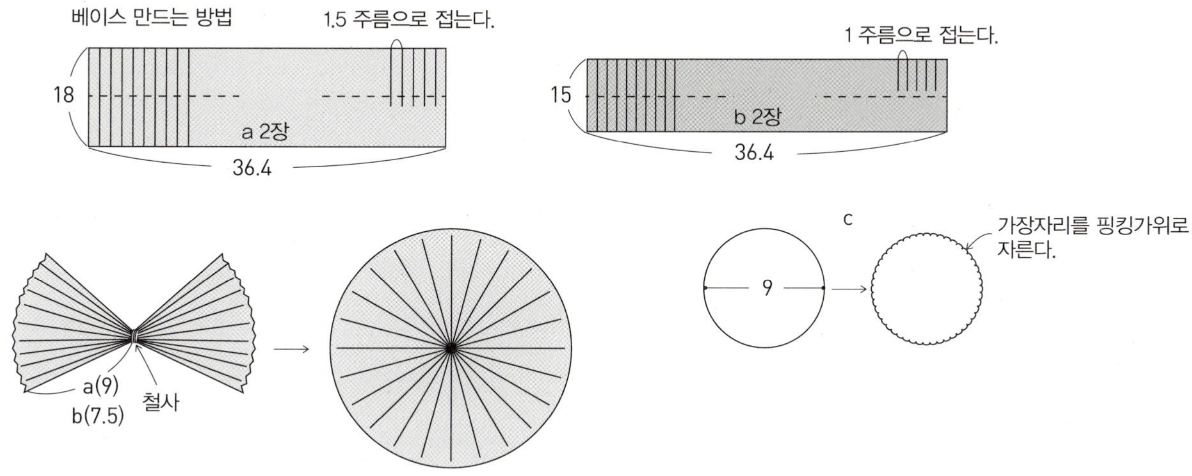

Point 주름을 접을 때는 반으로 접은 중심선이 가지런하게 되도록 유의하세요.

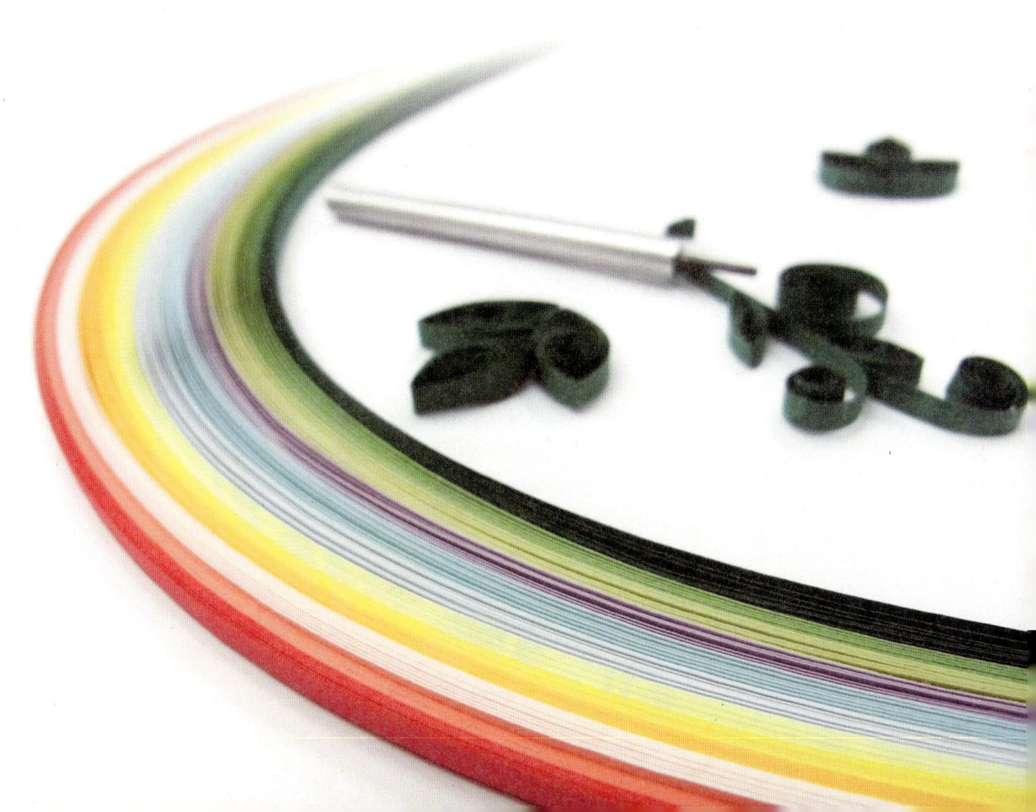

크리스마스 장식품 작품 60쪽

 (종류별로 1개분)

재료
- 띠지 폭 13mm, 길이 35cm 물방울 (새먼핑크 · 연한 연두색) 2개, (흰색) 1개
- 다이아 (새먼핑크 · 연한 연두색) 8개, 라운드 (흰색) 2개, (새먼핑크 · 연한 연두색) 1개

기타
- 보석 (크리스털 6mm) 1개
- 투명줄 15cm 정도
- 글리터(금색)

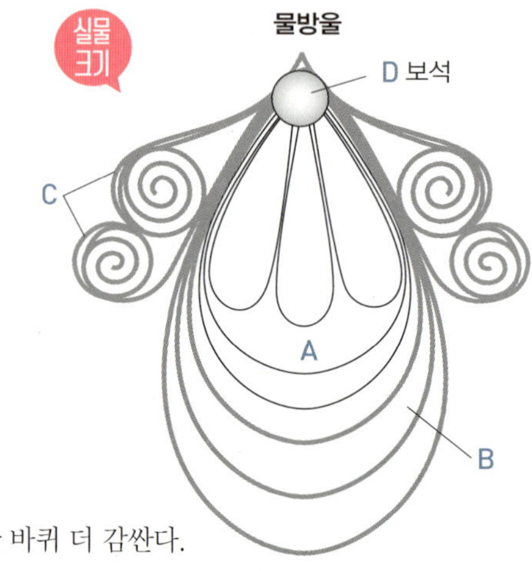

조각 만들기

물방울(2 · 3열)

A 흰색 띠지를 반으로 접고, 그 반을 3등분해 3플리츠 잎을 만든다. 나머지로 3플리츠 잎을 한 바퀴 더 감싼다.

B A에 새먼핑크(또는 연한 연두색) 띠지를 1개 연결해 세 바퀴를 두른다.

C 새먼핑크 띠지를 17cm로 2개 잘라 V스크롤, 느슨한 하트 순으로 만들어 붙인다.

D 뾰족한 부분에 투명 줄을 끼워 고리를 만들고 보석을 장식한다.

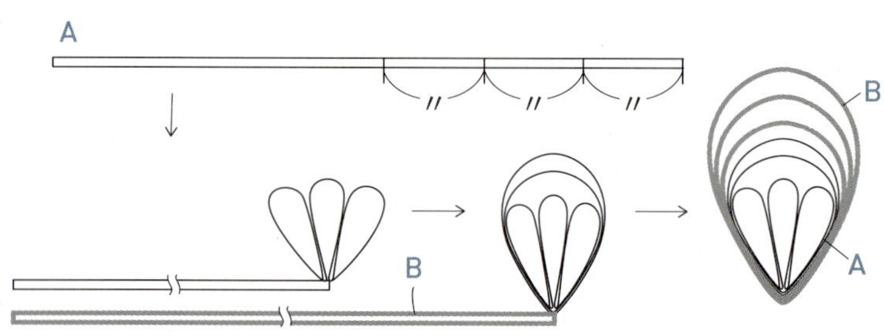

다이아(꼭대기 · 4열)

E 새먼핑크 띠지를 17cm로 4개 잘라 직경 12mm의 느슨한 원 → 느슨한 잎을 4개 만든다.

F E를 십자 형태로 붙이고 중심에 보석을 붙인다.

G 연한 연두색 띠지를 17cm로 2개 잘라 V스크롤을 2개 만든다. F를 감싸듯이 붙인다.

H 연한 연두색 띠지를 17cm로 2개 잘라 느슨한 하트를 2개 만든다. 이때 접은 선에서 3cm 지점까지만 감는다. G를 감싸듯이 H를 붙인다. H의 모서리에 투명줄을 끼워 고리를 만든다. 글리터를 칠한다.

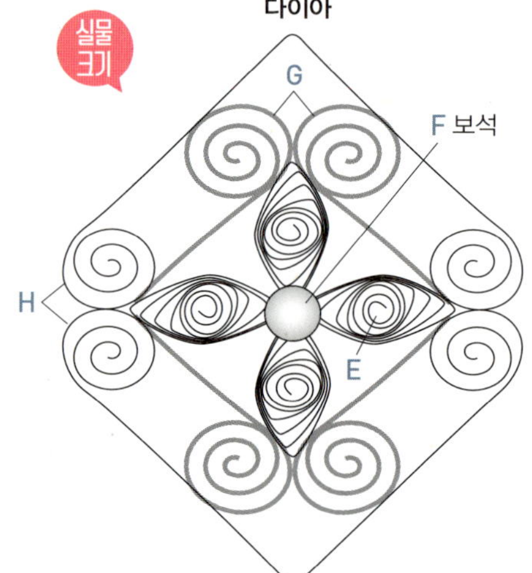

라운드(5열)

I 흰색 띠지를 17cm로 잘라 직경 5cm의 원을 만든다.

J 흰색 띠지를 25cm로 잘라 4플리츠를 만든다.

K 흰색 띠지를 13cm로 잘라 V스크롤을 만들고 이 V스크롤 안쪽에 J의 4플리츠를 붙인다.

L 새먼핑크 띠지를 25cm로 잘라 C스크롤을 만들고 I의 원 안에 붙인다.

M L 사이에 K를 넣어 붙인 뒤 보석을 장식한다. I에 투명줄을 끼워 고리를 만든다.

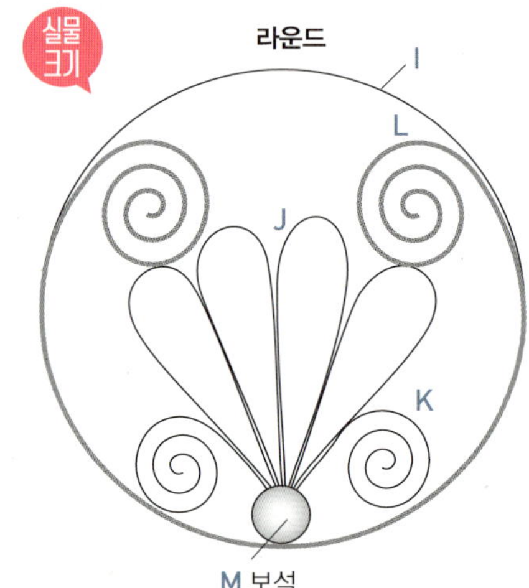

세뱃돈 봉투 작품 62쪽 견본

 (봉투 1개분)

재료
- 띠지 폭 3mm, 길이 17cm (흰색 또는 빨간색) 5개, (연두색) 3개, (녹색) 2개
- 도화지 5mm×2cm (빨간색 또는 노란색)

기타
- 종이끈(7cm)
- 작은 봉투

조각 만들기

소나무

녹색 띠지를 8.5cm로 3개 잘라 직경 8mm의 이심형 원을 3개 만든다.

대나무

연두색 띠지를 12cm로 3개 잘라 직경 9mm의 느슨한 원 → 느슨한 눈물방울을 3개 만든다.

매화

흰색(또는 빨간색) 띠지를 10cm로 5개 잘라 직경 7mm의 이심형 원 → 이심형 눈물방울(꽃잎)을 5개 만든다.
빨간색(또는 노란색) 도화지에 잘게 칼집을 넣고 촘촘하게 말아서 꽃술을 만든다.

잎

녹색 띠지를 8.5cm로 잘라 직경 8mm의 느슨한 원 → 느슨한 잎을 만든다.

붙이는 방법

1. 소나무는 이심형 원의 촘촘한 부분을 중심으로 모아 그림과 같이 붙인다.
2. 대나무는 뾰족한 부분을 아래로, 둥근 부분을 위로 해서 붙인다.
3. 매화꽃은 플라워 스케일(70쪽)을 이용해 꽃잎을 배열한 다음 그림과 같이 중심에 꽃술을 놓고 붙인다.
4. 매화 잎은 매화 꽃잎 사이에 붙인다.

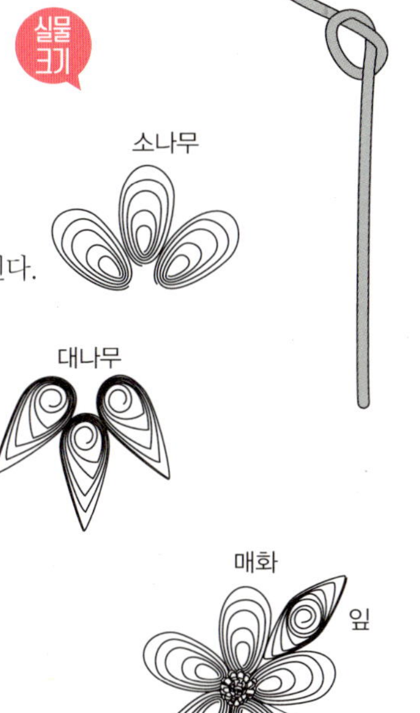

설 장식 리스 작품 61쪽

재료
- 블로섬페이퍼 잎 (녹색) 7장(또는 도화지에 119쪽의 도안을 복사해 사용한다), 스파이럴 로즈b (노란색) 2장, 컬플라워a · b (빨간색 · 흰색) 각 2장, 컬플라워d (노란색) 4장
- 띠지 폭 3mm, 길이 17cm (녹색) 7개, (빨간색) 4개

기타
- 틀용 판지(직경 15cm에서 직경 12cm의 원을 도려낸다)
- 종이테이프(흰색)
- 화지(9×25cm)
- 종이끈(금색)
- 새틴리본 또는 종이테이프(흰색, 폭 15mm) 적당량
- 새틴리본(흰색, 폭 3mm) 적당량
- 투명줄 적당량

조각 만들기

A 동백
컬플라워a 2장을 서로 엇갈리게 포개고 그 위에 블로섬페이퍼로 스파이럴 로즈b를 만들어 붙인다. 빨간색과 흰색을 1개씩 만든다.

B 매화
블로섬페이퍼로 흰색(또는 빨간색) 컬플라워b를 만든 뒤 노란색 컬플라워d를 포갠다. 빨간색과 흰색을 2개씩 만든다.

C 죽절초(2개분)
녹색 띠지를 17cm로 2개 잘라 같은 방향 스크롤을 2개 만든다. 다시 녹색 띠지를 8.5cm로 2개 잘라 느슨한 스크롤을 2개 만든다. 빨간색 띠지를 8.5cm로 8개 잘라 촘촘한 원을 8개 만든다. 같은 방향 스크롤과 느슨한 스크롤 사이에 촘촘한 원을 4개 끼워 붙인다.

D 덩굴 달린 잎
녹색 띠지를 17cm와 8.5cm로 각각 2개씩 잘라 같은 방향 스크롤과 느슨한 스크롤을 2개씩 만든다. 그 사이에 녹색 블로섬페이퍼로 만든 잎을 붙인다.

틀 만드는 방법

1. 폭 1.2cm, 안지름 12cm의 판지에 새틴리본을 감는다.
2. 화지를 1.2cm 간격으로 접어 부채를 만든다(주름을 접는 방법은 108쪽 참조).
3. 2의 부채를 투명줄로 리스 틀에 고정한다. 이때 부채 2곳에 구멍을 뚫고 이곳으로 줄을 끼워 리스에 감는다.
4. 폭 3mm의 새틴리본으로 고리를 만들어 붙인다.

붙이는 방법

1. 부채 위에 종이끈을 끼운다.
2. 그림과 같이 배열하고 큰 꽃부터 붙인다.
3. 꽃을 붙인 뒤 죽절초, 덩굴 달린 잎을 붙인다.

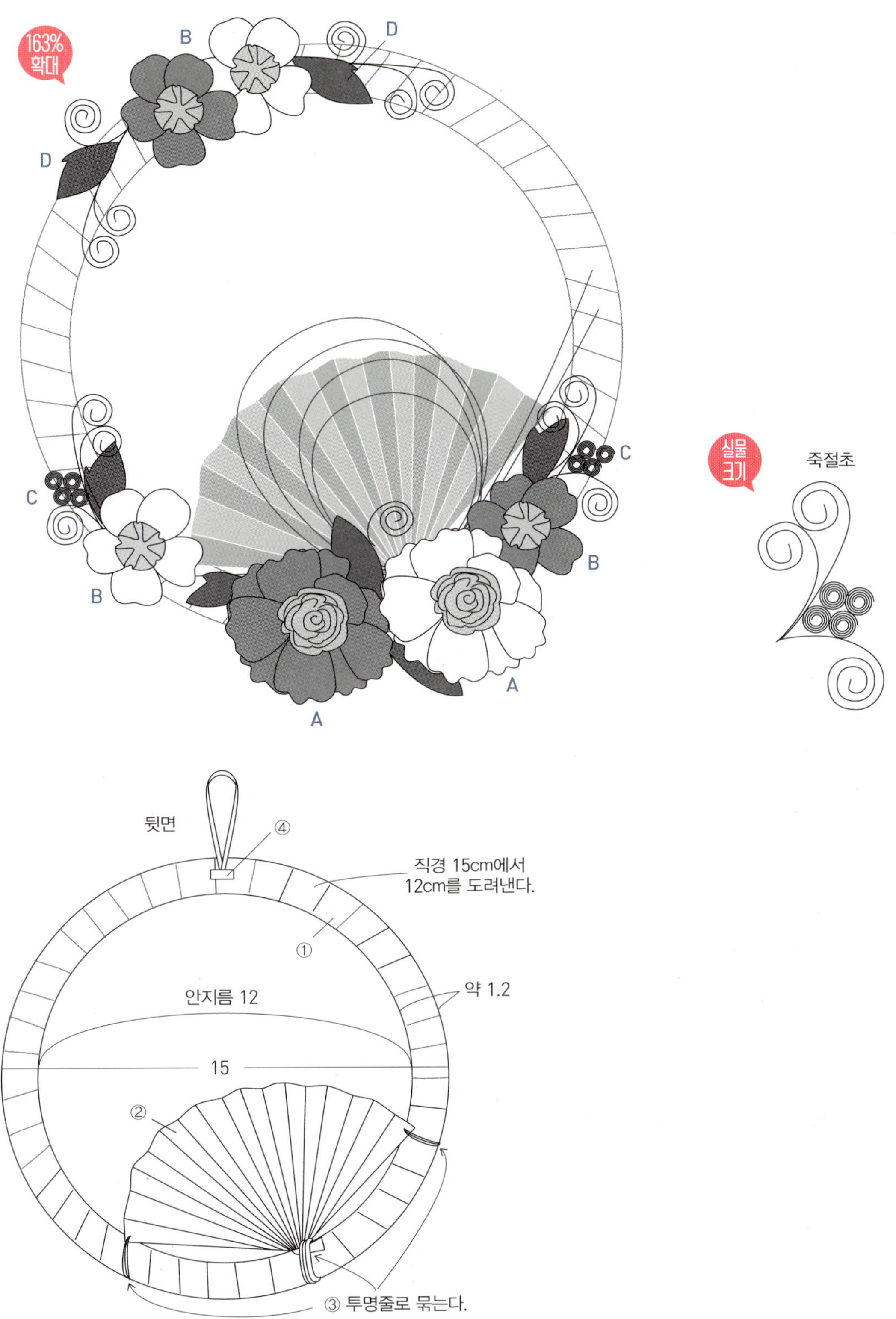
163%
확대
B
D
D
실물
크기
죽절초
C
C
B
B
A
A
뒷면
④
직경 15cm에서
12cm를 도려낸다.
①
안지름 12
약 1.2
15
②
③ 투명줄로 묶는다.

젓가락 봉투 작품 62쪽

 (봉투 1개분)

재료
- 띠지 폭 3mm, 길이 17cm (흰색 또는 빨간색) 5개, (녹색) 1개
- 도화지 5mm×2cm (빨간색 또는 노란색)

기타
- 색종이(15×15cm)

조각 만들기

매화

흰색(또는 빨간색) 띠지를 12cm로 5개 잘라 직경 10mm의 이심형 원 → 이심형 눈물방울을 5개 만든다.
빨간색(또는 노란색) 도화지에 잘게 칼집을 넣고 촘촘하게 말아서 꽃술을 만든다.

잎

녹색 띠지를 12cm로 잘라 직경 10mm의
느슨한 원 → 느슨한 잎을 만든다.

덩굴

남은 녹색 띠지 5cm로 느슨한 스크롤을 만든다.

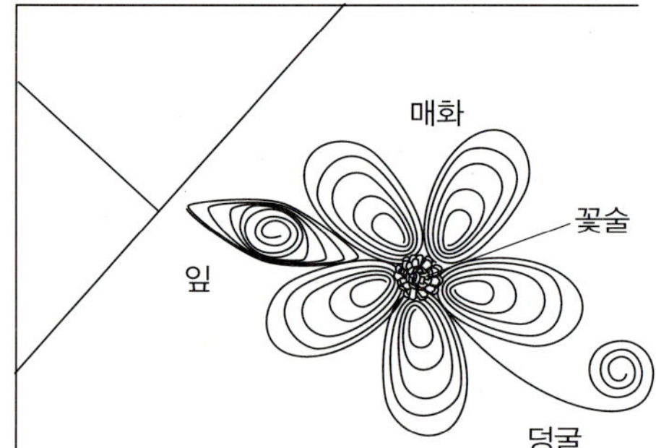

붙이는 방법

1. 플라워 스케일(70쪽)에 꽃잎을 나열한 뒤 중심에 꽃술을 넣고 붙인다.
2. 잎과 덩굴을 붙인다.

젓가락 봉투 접는 방법

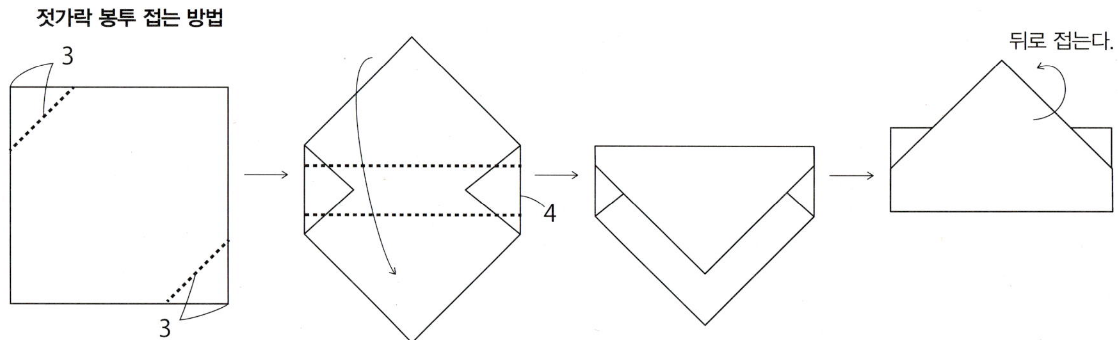

하트 박스 작품 63쪽 견본

재료
- 띠지 폭 3mm, 길이 17cm (흰색 · 빨간색) 각 8개, (녹색) 4개
- 블로섬페이퍼 스파이럴 로즈a (빨간색 · 연분홍색 · 자주색) 각 1장(또는 도화지에 119쪽의 도안을 복사해 사용한다)
- 반원 펄 비즈 (흰색 3mm) 16개

기타
- 하트 모양 상자
- 도화지(흰색 15×45mm, 분홍색 17×45mm)

조각 만들기

A 흰색과 빨간색 띠지를 8.5cm로 16개씩 잘라 V스크롤을 16개씩 만든다.

B 녹색 띠지를 8.5cm로 6개 잘라 직경 8mm의 느슨한 원 → 느슨한 잎을 만든다.
   녹색 띠지를 5cm와 3.5cm로 잘라 3.5cm로 느슨한 스크롤을 만들고 5cm는 줄기로 사용한다.

C 블로섬페이퍼로 스파이럴 로즈a를 색깔별로 1개씩 만든다.

붙이는 방법

1. A의 V스크롤(빨간색)을 상자 가장자리에 배열한다.
2. A의 V스크롤(흰색)의 뾰족한 부분이 **1**의 원과 원 사이에 오도록 배열한다.
3. **1, 2**를 빈틈없이 배열한 뒤 하나씩 붙인다. 반원 펄 비즈는 이웃한 흰색 V스크롤 사이에 붙인다.
4. C를 붙인다.
5. B의 덩굴 달린 줄기는 빨간색과 자주색 스파이럴 로즈 사이에 붙인다.
6. 견본에서 인쇄한 문구를 붙인다.

Point 상자의 크기에 따라 가장자리에 들어가는 조각의 개수가 달라지므로 알맞게 조정해 만듭니다.

미니 카드 작품 64쪽 견본

재료 • 띠지 폭 5mm, 길이 35cm(원하는 색)

기타 • 카드(잉크젯 용지 두께의 종이)

A 띠지를 8.5cm로 3개 잘라 2개로 느슨한 하트를 2개 만든다.
B 나머지 1개로 V스크롤을 만든다.
C 띠지를 2cm로 잘라 리본 매듭을 만든다.

1. **A**의 느슨한 하트를 뾰족한 부분끼리 맞붙인다.
2. **A** 아래쪽에 **B**를 놓고, **1**에서 맞붙인 부분이 가려지도록 매듭을 감은 뒤 뒤쪽에서 본드를 발라 붙인다.
3. 견본에서 인쇄한 문구를 카드에 붙인다.

하트 액세서리 작품 65쪽 견본

재료 • 띠지 폭 3mm, 길이 17cm (빨간색) 8개

기타 • 얇은 끈(갈색)
• 작은 종이가방
• 도화지(흰색)

A 느슨한 하트(대)
띠지 2개로 직경 12mm의 느슨한 원 → 느슨한 눈물방울을 2개 만들어 하트 모양으로 붙인다.

B 느슨한 하트(소)
띠지를 8.5cm로 2개 잘라 직경 8mm의 느슨한 원 → 느슨한 눈물방울을 2개 만들어 하트 모양으로 붙인다.

C 릴리프 하트(대)
띠지를 9cm로 2개 자른 뒤 3분의 1 지점을 접어 인사이드 스크롤을 2개 만든다. 하트 모양으로 붙인다.

D 릴리프 하트(소)
띠지를 6cm로 2개 자르고 **C**와 같은 방법으로 만든다.

1. 흰색 도화지에 견본을 인쇄한 뒤 가위로 하트 모양을 자른다.
2. 끈 양 끝에 **A**와 **D**(**B**와 **C**)를 연결한다.
3. **2**를 하트(대)가 위로 오도록 종이가방 손잡이에 걸어준다.
4. **3**의 손잡이 끈 위에 양면테이프로 문구를 붙인다.

릴리프 하트 액세서리 작품 66쪽

재료
- 띠지 폭 3mm, 길이 35cm (빨간색) 1개
- 띠지 폭 3mm, 길이 17cm (빨간색) 8개
- 보석 (크리스털 4mm) 1개
- 반원 펄 비즈 (빨간색 3mm) 6개

기타
- 상자
- 포장지
- 리본
- 끈
- 카드

A 17cm 띠지 2개로 직경 10mm의 느슨한 원 → 느슨한 눈물방울을 2개 만든다. 느슨한 눈물방울의 뾰족한 부분 측면에 본드를 발라 하트 모양으로 붙인다.

B 17cm 띠지를 12cm로 2개 잘라 1개로 4플리츠를 만든다.

C 나머지 1개로 V스크롤을 만든다. V스크롤 사이에 4플리츠를 끼워서 붙인다.

D 17cm 띠지 4개로 같은 방향 스크롤을 4개 만든다. 2개는 A의 뾰족한 부분 측면에, 나머지 2개는 B의 4플리츠 가운데에, 각각 접은 선 부분에 본드를 발라 붙인다.

1. **A**(하트)의 오목한 부분에 **C**를 붙인다.
2. **1**의 하트 측면에, 스크롤이 안쪽을 향하도록 **D**를 붙인다.
3. **1**의 4플리츠 가운데에, 스크롤이 안쪽을 향하도록 **D**를 붙인다.
4. 35cm 띠지를 반으로 접은 뒤 **D**의 중심부터 하트 모양으로 감싸기 시작하여 **A**의 하트 측면에 붙인다.
5. **A**의 중심에 보석을 붙이고 반원 펄 비즈로 둘러싼다.

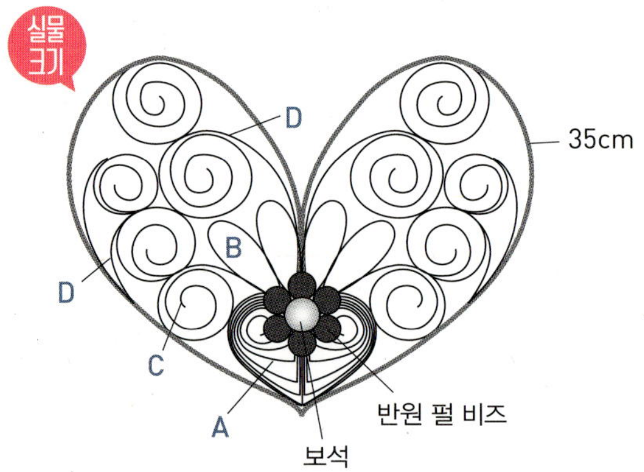

블로섬페이퍼 (실물 크기 도안)

실물 크기 도안 사용법
1. 도안을 복사해 도화지 등에 임시로 붙이고 도화지와 함께 오립니다.
2. 먹지 등의 복사지를 이용해 도화지에 도안을 본뜬 뒤 오립니다.

[꽃다발 카드] 작품 35쪽 | 만드는 법 68~69쪽
백합 2장, 잎 3장, 술 2장, 스파이럴 로즈a 2장,
스파이럴 로즈c 1장, 컬플라워a 2장, 컬플라워b 2장, 컬플라워d 2장

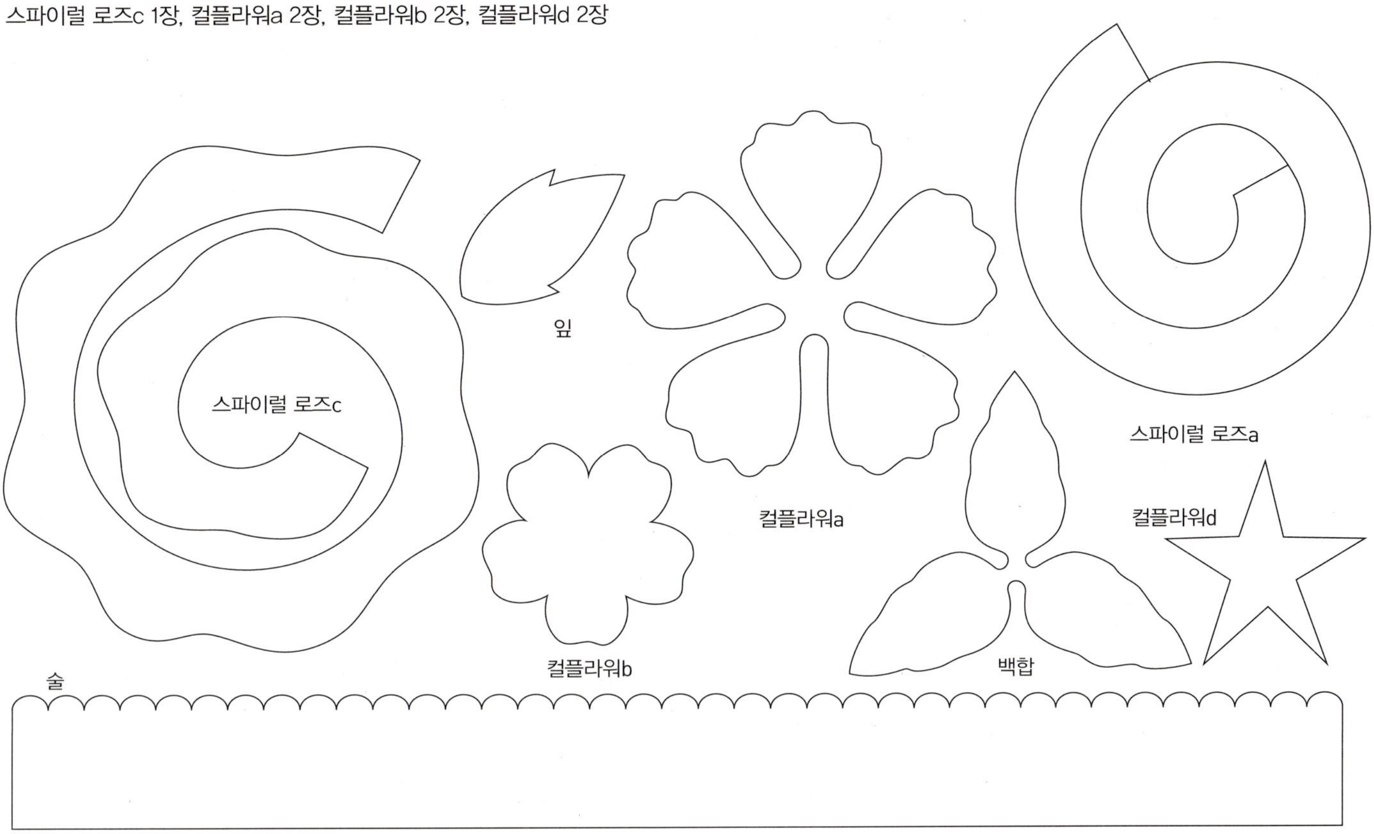

[웰컴보드] 작품 40쪽 | 만드는 법 84~85쪽
백합 6장, 잎 8장, 술 4장,
스파이럴 로즈b 2장,
컬플라워a 4장,
컬플라워b 5장,
컬플라워d 5장

[롤링페이퍼] 작품 48쪽 | 만드는 법 92~93쪽
잎 7장, 술 6장, 스파이럴 로즈b 5장,
컬플라워a 4장, 컬플라워b 3장, 컬플라워c 2장,
컬플라워d 3장, 컬플라워e 2장

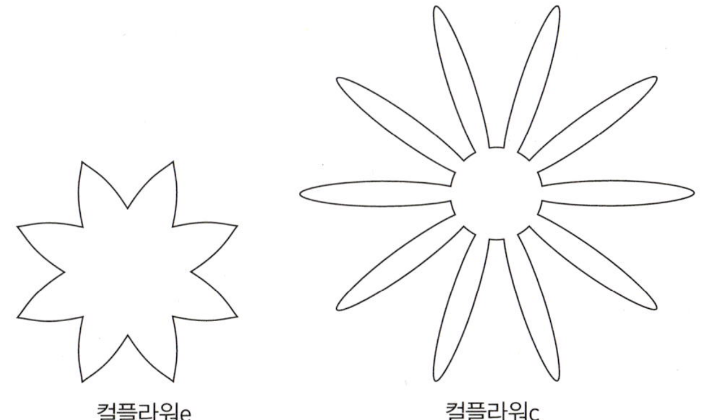

[플라워 박스] 작품 49쪽 | 만드는 법 96~97쪽
백합 4장, 잎 4장, 술 2장, 스파이럴 로즈b 4장, 스파이럴 로즈c 4장,
컬플라워a 8장, 컬플라워b 2장, 컬플라워c 4장, 컬플라워e 6장

[설 장식 리스] 작품 61쪽 | 만드는 법 112~113쪽
잎 7장, 스파이럴 로즈b 2장, 컬플라워a 4장,
컬플라워b 4장, 컬플라워d 4장

페이퍼퀼링 레슨 (원제 : ペーパークイリング レッスンブック)

1판 1쇄 2018년 2월 28일

지 은 이 기쿠치 나무
옮 긴 이 김남미

발 행 인 주정관
발 행 처 북스토리㈜
주　　소 경기도 부천시 길주로 1 한국만화영상진흥원 311호
대표전화 032-325-5281
팩시밀리 032-323-5283
출판등록 1999년 8월 18일 (제22-1610호)
홈페이지 www.ebookstory.co.kr
이 메 일 bookstory@naver.com

ISBN 979-11-5564-162-0 13630
　　　979-11-5564-008-1(세트)

※잘못된 책은 바꾸어드립니다.

이 도서의 국립중앙도서관 출판시도서목록(CIP)은
서지정보유통지원시스템 홈페이지(http://www.seoji.nl.go.kr)와
국가자료공동목록시스템(http://www.nl.go.kr/kolisnet)에서 이용하실 수 있습니다.
(CIP제어번호 : CIP2018003514)

동시대의 감성과 지성을 담아내는 **북스토리(주)**

북스토리 | 문학, 예술, 만화, 청소년
북스토리아이 | 유아, 어린이, 학습
북스토리라이프 | 취미, 실용
더좋은책 | 교양, 인문, 철학, 사회, 과학